JN235359

外資系コンサルタントの

インパクト図解術

How to Create
Effective Presentations
with High-impact Graphics
tips from an international consultant

清水久三子　shimizu kumiko

中経出版

人を動かす秘訣はこの世にただひとつしかない。
この事実に気づいている人は、はなはだ少ないように思われる。
すなわち、自ら動きたくなる気持ちを起こさせること
──これが秘訣だ。

デール・カーネギー

Q

あなたは
こんなスライドを
作っていませんか？

与件の整理

- お客様先への訪問時間の減少
- 営業雑務処理にかかる時間が増加
- 昨年より社内会議が急増
- 業務改革が急務！
- 従業員満足度の低下も見込まれる

何を言っているのか分からない……

✕

2001年から10年間で5倍に成長

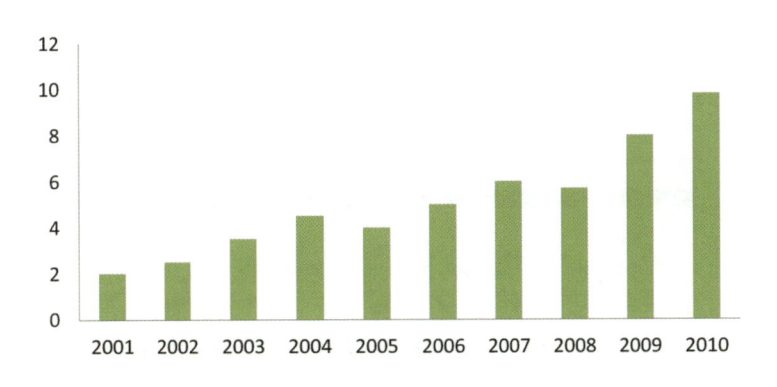

年	2001	2002	2003	2004	2005	2006	2007	2008	2009	2010
値	2	2.5	3.5	4.5	4	5	6	5.8	8	10

「成長」していることが伝わらない……

なんとなくパワポを開いて、
「慣れ」や「絵心」で
資料を作っても
絶対に相手には
伝わりません。

ビジネスで勝つためには、

□□□□□□□□□□

な資料を作る必要があります。

では、□には、何が入るのか？

目立つ?

かっこいい?

分かりやすい?

……違います。

ビジネスでは、
「分かりやすいだけの資料」も
「センスのいい資料」も
意味をなしません。

必要なのは、
「人の心を突き動かし」、
「行動を起こしてもらう資料」
なのです。

その要素を
1枚の図解で表すと、
こうなります。

→

[メッセージ]
記憶に残るメッセージを

[ストーリー]
相手の心にしみいる緻密な設計図で

[図解]
徹底した「ノイズカット」と
「フォーカス」で表現する

インパクト図解術

資料を読んだ人が自発的に動き出す

この「インパクト図解術」は、
私が日本IBMで
**2000人以上の
コンサルタント**に
教えてきたノウハウと、
**カリスマコンサルタントの
テクニック**を
集大成したものです。

「インパクト図解術」で表現すると

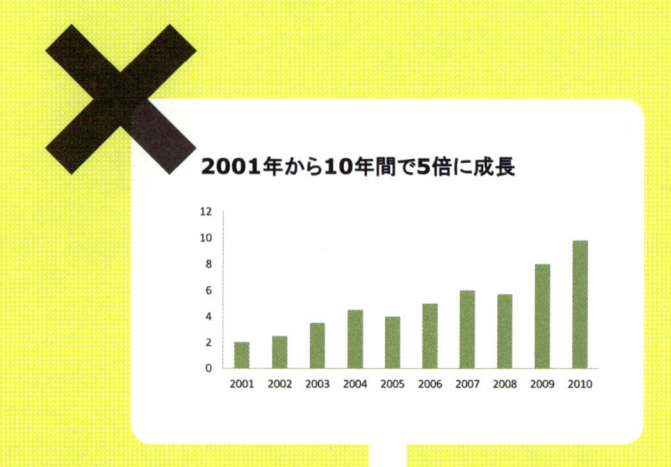

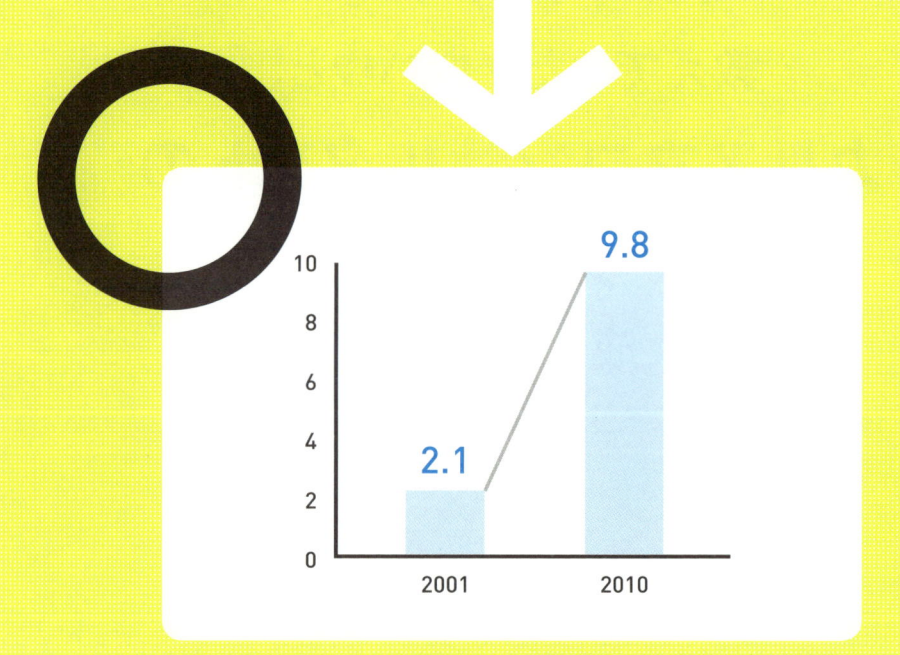

✗ **2001年から10年間で5倍に成長**

○

2001　2.1
2010　9.8

こんなふうに変わります！

では
「1秒」で伝わり、
「1分」で人が動き出す
ノウハウを、
全て
公開しましょう。

はじめに

なぜ、「インパクト」なのか？──バリューからインパクトへ

　私が外資系のコンサルタントとして駆け出しの頃、「バリューは何か？」という言葉をよく耳にしました。若手が作成した資料が「この資料、バリューないね」と一刀両断に斬り捨てられる光景もよく目にしました。

　当時はクライアントへの提案の「価値」は何なのか、作成している資料の「価値」はどれくらいなのかということが、よく問われていたわけです。

　つまり、①「いくら企業価値（売上や利益など）が上がるか」という顧客へ提案するものの金額的価値、②「論理的で高品質である」というコンサルタントが提供するサービスとしての資料の価値──この２つをいかに高めるかが至上命題だったのです。

　ところが近年では、外資系企業の中でもあまり「バリュー」という言葉が使われず、もっと耳にする言葉が出てきました。それが「インパクト」という言葉です。

　かつてはその提案によってもたらされる価値がどれくらいかが分かればクライアントはその提案を買ってくれたわけですが、近年は予測不能の時代。「このやり方で過去に成功しました」と分かりやすく示しただけでは、なかなか響かないのです。誰にもこの先何が起こるか分からないビジネス環境では、「やるべきだという意義を感じさせら

れるか？」、つまり、クライアントが自らやってみたいと心が動く「インパクト」があるかどうかが、提案の鍵になってきたのです。

　個人に対しても同様のことがいわれています。キャリアアナリスト、ダニエル・ピンクはモチベーションに関する有名なTED※のプレゼンテーションで「ニンジンや報酬をぶら下げてやる気を出させる方法は、同じことを効率よくこなす20世紀型のビジネスでは非常にうまく機能したが、問題が複雑化し課題自体が何だか分かりにくくなった21世紀型ビジネスでは、逆に機能しにくい」と述べています。
　ニンジンや報酬というのは価値の象徴ですが、そういったものよりも自分が取り組む意義などに納得して動くためのインパクトが、個人が働く上でも必要になってきたのです。

なぜ、「図解」なのか？──情報の洪水の中で確実に届けるために

　今、あなたはどれくらいの頻度で報告や提案をしていますか？「そんなにたくさんしていない」と思うかもしれませんが、たとえば週に1回くらいは報告をしたり、何らかの提案や施策などについて、お客様や上司に意思決定や判断を求めたりしていないでしょうか？すると年間で50回近くは誰かにメッセージを届けていることになります。

　次にあなたの報告や提案を受ける人の立場になってみましょう。私は外資系IT企業で企業変革戦略コンサルティング部門や人材育成部門のリーダーを務めていました。私の部下は30〜50人くらいいましたが、報告を直接私にする人が3分の1としても、10人×50回／年ですから、年に500くらいは何らかのメッセージを部下から受け取り、意思決定をしていたことになります。また、受信メールの数は日に数百通でした。これは私のケースですから役職が上がればもっと多いで

しょう。また、私達がメディアから得られる情報量は10年前と比較して、約532倍（「情報センサス報告書」総務省調べ、2008年）にまで増大しています。

　このようにメッセージや情報が洪水のように流れている中で相手にインパクトを与えるにはメッセージの本質が一目で相手に伝わる表現が求められます。それが図解です。

　本書では、文字、表、グラフ、図、画像の全てを図解の表現要素と捉えています。インパクトを表現するためには、どれか1つの表現ではなく、複合的に最も訴求する表現を考えなければならないからです。そして、図解表現はこの大音量の中で埋もれないようにさらに洗練されなくてはなりません。その方法として、図解表現における「ノイズカット」と「フォーカス」の仕方をご紹介しています。

本書と類書との違い

　資料作成スキルに関連する書籍は数多く出版されていますが、いくつかのジャンルがあります。
　思考法関連の書籍としては、基本であるロジカルシンキング系からアイデアの作り方、図で考える思考法、分析手法などいくつかの領域があります。
　表現法関連では、1つ目は図解のテクニックを網羅的に紹介するもので主にパワーポイントでの作成方法が中心の領域、2つ目はコンサルティングやリサーチのスライド作成ノウハウを提供するもので、分析した数値をグラフで表現するテクニックが中心です。3つめは、企画書作成に特化したもの、4つ目は翻訳書籍が多いのですが、スティーブ・ジョブズ、キング牧師などの多くの人を魅了した著名人のプレゼンテーションのテクニックを分析し、ノウハウを提供している領域です。

類書と本書のカバー領域

思考法(考え方)の本	表現法(テクニック)の本
ロジカルシンキング 論理思考、ピラミッド、 フレームワーク、問題解決	**図解術** 図・グラフの作り方、 パワーポイントテクニック
アイディア・発想法 ラテラルシンキング(水平思考)、 アイデアの作り方	**コンサルタントスライド作成法** 分析手法、 グラフチャート作成テクニック
図解思考法 図解仕事術、 フレームワーク活用術	**企画書作成術** 企画書の作り方、 コンセプトメイキング
分析思考法 問題発見、分析法、統計術	**プレゼンテーション術** ストーリー構成、 デザインテクニック、説明術
インパクトのある メッセージを作る	インパクトを 図解して伝える

本書

　本書はこの2つ(思考法と表現法)の領域を、両方ともカバーしています。資料を作成するにあたり、これらの幅広いノウハウの中でも、インパクトの高いメッセージを作り、図解表現で伝えるまでを一連のステップで体系的にご紹介するものです。

　本書を「図解のテクニック本」と認識されて手に取られた方には、なかなか図解の話が出てこないと思われるでしょう。本書では、相手の心を動かすという目的のもとに「メッセージ」「ストーリー」「図解」を一連の流れとしてまとめており、図解は後半部分にあるからです。

店舗を作ることを考えてみよう

　例えば、ある店舗を作ることを想像してみてください。その店舗が何を売るのか、どんな客層がターゲットなのかという企画によって、相応しい設計や外装・内装は異なります。建築では、店舗企画、建築士、デザイナー、工事をする人などそれぞれの専門家が担当しますが、ビジネス文書では制作系の仕事ではない限り、企画から資料作成までを一人で行うことが多いでしょう。メッセージ作成から表現までを一人でこなすためには複合的なスキルが要求されます。

　これまで多くのコンサルタントや部下の資料を見てきましたが、資料は一見素晴らしいのに実はメッセージがよく分からないものと、とてもインパクトがある素晴らしいメッセージなのにそれが表現できていないものとがありました。
　前者は「それらしい資料部品の切り貼り」をしている人、後者は「自分には絵心がないのでうまく表現できない」と考えている人が多いからだと考えます。本書はその両者に対して、一気通貫でインパクトのある資料を作るための体系的・具体的なノウハウを伝えたいと思い執筆しました。

本書の構成

　第1章では、相手の心を動かすインパクトのメカニズムとして、インパクトとは何か、インパクトの3つのステージと6つの要件を紹介します。
　第2章では、インパクトを与えるための6つの要件ごとにメッセージのインパクトを強める方法をご紹介します。
　第3章では、メッセージを相手論理のピラミッドで構成し、資料の設計図であるストーリーボードの作り方をご紹介します。

第4章では、5つの図解要素ごとにノイズカットとフォーカスというテクニックによってインパクトを形にする方法をご紹介します。

　実は私は人前で話すのが苦手です。それがきっかけで説明不要の一目で分かる資料作りのノウハウをきわめたいと思うようになりました。

　次第に「資料が分かりやすい」という評判が立ち、研修を行うようになり、「清水さんのような分かりやすい資料を作れるようになれとマネージャーに言われて研修に参加しました」と口コミで受講者が増え、講演などのご依頼をいただくようになってきました。
　前作の『プロの資料作成力』では、資料作成の基本動作をご紹介しましたが、本書は基本動作を踏まえた上で、さらにインパクトを出すためのノウハウを体系的にまとめたものです。インパクトのメカニズムを知り、あなたの資料のインパクトレベルが上がることで、あなたのメッセージが多くの方の心を突き動かし、あなたの思いが実現することを願っています。

※TED：アメリカ・カリフォルニアに本拠地を置く非営利団体。価値のあるアイデアを広めることを活動目標とし、テクノロジー（T）、エンターテインメント（E）、デザイン（D）を中心とした様々な活動の中から、世界に広めるべきだと思われるアイデアを持った人にプレゼンテーションの場を提供している。著名人の素晴らしいプレゼンテーションが動画で配信されている。

本書の全体像（店舗作りにたとえると……）

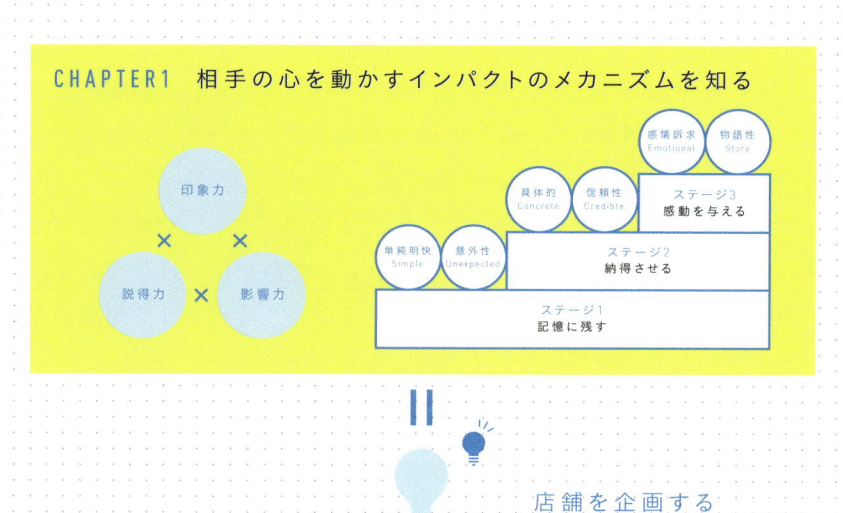

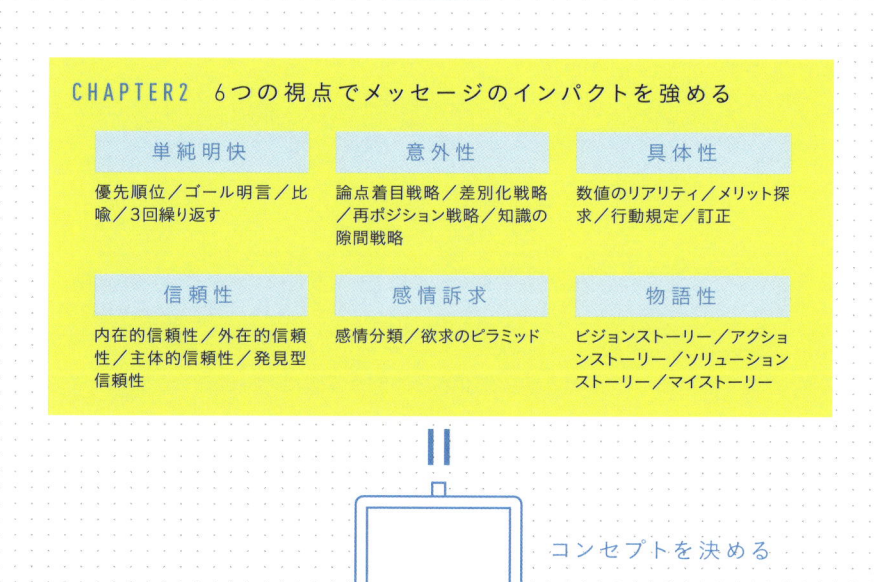

CHAPTER1　相手の心を動かすインパクトのメカニズムを知る

印象力 × 説得力 × 影響力

感情訴求 Emotional／物語性 Story
具体的 Concrete／信頼性 Credible
単純明快 Simple／意外性 Unexpected

ステージ3　感動を与える
ステージ2　納得させる
ステージ1　記憶に残す

＝ 店舗を企画する

CHAPTER2　6つの視点でメッセージのインパクトを強める

単純明快	意外性	具体性
優先順位／ゴール明言／比喩／3回繰り返す	論点着目戦略／差別化戦略／再ポジション戦略／知識の隙間戦略	数値のリアリティ／メリット探求／行動規定／訂正

信頼性	感情訴求	物語性
内在的信頼性／外在的信頼性／主体的信頼性／発見型信頼性	感情分類／欲求のピラミッド	ビジョンストーリー／アクションストーリー／ソリューションストーリー／マイストーリー

＝ コンセプトを決める

CHAPTER3　メッセージを相手論理のピラミッド構造にし、設計図であるストーリーボードを作る

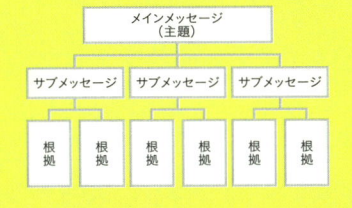

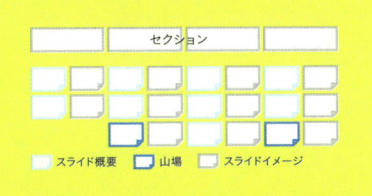

```
        メインメッセージ
          （主題）
   ┌────────┼────────┐
サブメッセージ  サブメッセージ  サブメッセージ
 ┌──┴──┐  ┌──┴──┐  ┌──┴──┐
 根拠  根拠  根拠  根拠  根拠  根拠
```

セクション

□ スライド概要　□ 山場　□ スライドイメージ

= 設計する

CHAPTER4　最も相応しい表現手段を選び、ノイズカットとフォーカスでインパクトを形にする

| 文字 | 表 | グラフ | 図 | 画像 |

= 店舗完成！

CONTENTS

はじめに —————————————————————————— 18

CHAPTER_1 MECHANISM
インパクトのメカニズムを知る

01 インパクトとは？

インパクトは「心に受ける衝撃」のこと ————————————— 34
「エッジ」「インパクト」の違い ————————————————— 35
まずは「第一印象」の強さ ——————————————————— 36
次に「信じられる」強さ ———————————————————— 37
最後は「他人事ではなく自分事として動かされる」強さ ————— 38
インパクト＝印象力×説得力×影響力 —————————————— 39
インパクトは「ワクワク」？「キラキラ」？ ——————————— 40

02 インパクトを上げる3つのステージ

インパクトには3つのステージがある ——————————————— 41
［ステージ1］印象力で「記憶に残す」ステージ —————————— 42
［ステージ2］説得力で「納得させる」ステージ —————————— 42
［ステージ3］影響力で「感動を与える」ステージ ————————— 43
インパクトステージをクリアするための6つの要件 ————————— 45
3つのステージは順番に満たしていこう —————————————— 47

03 ［ステージ1］「記憶に残す」

「単純明快」であること ———————————————————— 49
「意外性」があること ————————————————————— 52

04 [ステージ2]「納得させる」

あなたの資料は「値踏み」される ——————————— 56
「具体性」があること ——————————————— 57
「信頼性」があること ——————————————— 60

05 [ステージ3]「感動を与える」

「懐に飛び込む」段階 —————————————— 64
「感情に訴求」する ——————————————— 66
「物語性」がある ———————————————— 67

06 インパクト図解アプローチ

3つのステップ ————————————————— 70
インパクトの陰にコントラストあり ———————— 71

CHAPTER_2 MESSAGE

メッセージを練る

01 単純明快にする

実際にやってみよう！ —————————————— 74
単純明快にできない理由 ————————————— 74
優先順位をつける「××ではない。○○である」——— 76
ゴールを断言する「目指すのは……」——————— 77
比喩や置き換えを使う「たとえるなら……」「すなわち……」— 78
3回繰り返す「○○、○○、○○」———————— 80

02 意外性を感じさせる

意外性の出し方は4タイプ ———————————— 82
S メッセージが強い：論点注目戦略「なぜ今○○なのか？」— 83

- W メッセージが弱い：知識の隙間戦略「知ってますか？　本当は……なんです」 ——83
- O 追い風：差異化戦略「どれくらい○○よりすごいか」 ——85
- T 向かい風：再ポジショニング戦略「実は○○なんです」 ——86

03 具体的に示す

- 数字にリアリティを与える ——88
- 特徴を相手の個人メリットに置き換える ——90
- 行動を特定する ——91
- 体験させる ——92

04 信頼性がある

- 信頼性を出す4つの方法 ——94
- ①内在的信頼性：メッセージ自体の信頼性 ——95
- ②外在的信頼性：メッセージ以外から得る信頼性 ——96
- ③主体的信頼性：メッセージ発信者の信頼性 ——98
- ④発見型信頼性：メッセージ受信者が自分で見出す信頼性 ——98

05 感情に訴求する

- 感情の種類 ——101
- 感情を刺激する方法　想像と想起 ——104
- 欲求の種類 ——107
- 自己実現欲求をくすぐろう ——109

06 物語で伝える①

- 物語は小説家だけのものではない ——110
- そもそも物語とは？ ——110
- 物語のメカニズム ——112
- 物語はなぜ効くのか ——114

07 物語で伝える②

- 物語を構成する要素 —————————————————— 116
- ビジネスで使う物語は3+1 ————————————— 118
- ビジョンストーリーのプロット ————————————— 120
- アクションストーリーのプロット ————————————— 121
- ソリューションストーリーのプロット ——————————— 123
- マイストーリーのプロット ———————————————— 125

CHAPTER_3 STORY

ストーリーボードを構成する

01 ストーリーボードとは？

- ストーリーボードは「資料の設計図」————————————— 128
- スライドの要所に「山場」を作る —————————————— 129

02 メッセージをピラミッドにする

- ロジカルに組み立てる ——————————————————— 131
- 演習　主張と根拠を並べてみる —————————————— 132
- ピラミッドの作り方——縦方向 ——————————————— 134
- ピラミッドの作り方——横方向 ——————————————— 136

03 ストーリーを構成する

- 話の展開方法を決める —————————————————— 138
- メッセージを配置し、山場を決める ————————————— 140
- メッセージに見出しをつける ———————————————— 143
- メッセージを視覚化する —————————————————— 143

04 ストーリーボード作成で陥りがちな罠

いきなりパワーポイントを立ち上げてしまう ———— 145
長編を作ってしまう ———— 145
自分本位になってしまう ———— 146

CHAPTER_4 EXPRESSION
インパクトを表現する

01 インパクトのある図解とは？

インパクト＝印象力×説得力×影響力 ———— 148
インパクト図解の鉄則——デザイン ———— 149
流行の潮流は「フラットデザイン」 ———— 152
表現方法の選択 ———— 153

02 文字で表現する

文字も図の1つ ———— 155
インパクトワードを作る ———— 157
文字のノイズカット ———— 162
文字のフォーカス ———— 164

03 表で表現する

そもそも表を使うべきか？ ———— 169
表の作り方 ———— 171
表のノイズカット ———— 171
表のフォーカス ———— 174

04 グラフで表現する

- 基本の4つのグラフタイプ ─── 176
- A. 縦棒グラフ ─── 177
- B. 折れ線グラフ ─── 184
- C. 横棒グラフ ─── 190
- D. 円グラフ ─── 195
- E. 散布図とバブルチャート ─── 200
- F. レーダーチャート ─── 203
- メッセージからグラフを選ぶ ─── 205

05 図で表現する

- そもそも図とは何か？ ─── 206
- 図が分かりにくい3大理由 ─── 207
- ［重症レベル］図になっていない ─── 207
- ［軽症レベル］図が冗長で複雑 ─── 208
- ［改善レベル］何となく素人っぽい ─── 210
- 図を作成する基本アプローチ ─── 211
- 関係性ごとの図の例 ─── 216
- 図の応用と合成 ─── 232
- 図の視認性を高める3つの法則 ─── 235

06 画像で表現する

- 画像は物語や感情に最適 ─── 245
- カラーリングテクニック ─── 248

- おわりに──インパクトを与えるということ ─── 254

本文デザイン _ 高橋明香（おかっぱ製作所）
※本書では主に「PowerPoint2010」を使用しています

黄金分割はなぜ人の目に心地よいか?
それが分かってくれば、
芸術がなぜ人を感動させるのかが分かってくるはずだ。
——パブロ・ピカソ

CHAPTER_1
MECHA-NISM

MESSAGE

STORY

EXPRESSION

CHAPTER_1

インパクトのメカニズムを知る

CHAPTER_1 インパクトのメカニズムを知る

01
インパクトとは？

› インパクトは「心に受ける衝撃」のこと

　ビジネスコミュニケーションにおいて強いインパクトが必要であることを「はじめに」で述べました。では、まずインパクトを高めるにあたり、我々が目指すインパクトとは何かを理解しましょう。インパクトとはそもそもどういったもので、どんなメカニズム（仕組み・仕掛け）で発生するのかを知らなくては、いたずらに強烈さを追い求めたウケ狙いで終わることにもなりかねません。

　まず、手始めに辞書で「インパクト」を引いてみましょう。

1. 物理的、あるいは心理的な衝撃。また、その影響や印象。
2. 球技で、ボールがバット・ラケット・クラブなどに当たること。また、その瞬間。

　ゴルフでは「プロはインパクトから考え、素人はスイングから考える」という教訓があるそうです。突き詰めればゴルフはボールに当たるインパクトの瞬間の積み重ねで結果が決まるわけですが、インパクトの瞬間というのは素人にはあまりにもつかみにくいため、スイングやクラブに目が向かいがちになるということでしょう。

　ビジネスコミュニケーションもやはりどのようなインパクトを与えるのかを考えずに、資料の作り方、話し方、ボディランゲージなどコ

ミュニケーション手法をあれこれ考えてもなかなか効果が出ません。

　私は資料作成やプレゼンテーションなどの研修講師もしていますが、演習をすると受講生が向上させたほうがよいのは、伝えるスキルではなく、伝えたいことの本質を練り直すスキルであることを常に感じます。伝えたいことの本質が中途半端なままにアウトプットの作り方や伝え方のスキルだけを磨いても、体裁や話し方がまともになるところにとどまり、「悪くはないけど、ずば抜けて良くもない」という、いわゆる頭打ち、伸び悩み状態に陥るのです。

　しかしながら、インパクトの瞬間を勘だけに頼ってきわめようとしても非効率的です。ゴルフと違って練習場でインパクトを体得するまで繰り返し打つことはできません。インパクトのメカニズムを理解し、実践し、検証していくことで効果的・効率的にインパクトスキルを高める必要性が増してきましたね。

「エッジ」と「インパクト」の違い

　インパクトに近い言葉として、最近では「エッジの効いた提案」「エッジの効いたトーク」という言い方がされているのを耳にしたことはありますか？　「エッジ」という言葉には「鋭い」「刃先」「先端」といった意味があります。ギター用語における「エッジ」とは、主に音に対して使う言葉です。バッキングやカッティングというテクニックを用いて弾いた音を「エッジの効いた音」といいますが、それは「立ち上がりの速い歯切れの良い音」や「はっきりした鋭い音」ということになります。更にはスキー用語から来ているという説もあり、スキーで滑降するとき、板の端の一方だけ雪の斜面にくい込ませることを「エッジを効かせる」と表現します。そうした操縦術によって左右の回転や急停止などが可能になることから、『メリハリの効いた』という解釈・ニュアンスとして使われているようです。

　インパクトもエッジも衝撃の強さを感じさせる言葉ですが、本書で

目指しているインパクトはエッジ以上の「本質的な何か」を感じさせる言葉です。

まずは「第一印象」の強さ

インパクトの要素を更に理解するために、あなたが「インパクトがある」と感じる人や商品・サービス、企業などを思い浮かべてみてください。どんな特徴があるでしょうか？

- 強烈な第一印象
- 忘れられない存在感
- 影響を受けてしまった
- 圧倒された
- 予想を超えた何かがあった
- ついつい人に伝えたくなった
- 普通とは違う驚きがあった
- やってみたいと思わせる何かがあった
- 気になって仕方がない
- ただ者ではないと感じた
- パワフル、力強い、迫力を感じた
- 波及効果が大きい
- 人生観や価値観が変わった

色々な特徴が浮かんだと思いますので、「インパクトの要件」としてまとめてみましょう。

まず、第一印象としての強さがあるというのは異論がないでしょう。現代は商品・サービスが成熟・飽和段階にあり、ありきたりのものでは記憶に残りません。余談ですが、私たちがテレビで「あの人をよく見かける」と認知するレベルの芸能人の数は大体50人くらいで、そ

の狭き枠に対して激しい入れ替え戦が行われているそうです。一体どれくらいの人がその狭き枠を狙っているのかは定かではありませんが、一瞬で視聴者の記憶に残すために外見やトークなど常に印象を強める努力をしているに違いありません。

　芸能人の例を出したので誤解しないでいただきたいのですが、第一印象は人や商品など形あるものだけに感じるものではなく、メッセージやコンセプトなど無形のものにも感じます。話を聞いた次の瞬間から他の人に間違いなく伝えることができるほど強い印象を残すメッセージもあれば、何度聞いても覚えられない印象の薄いメッセージもあります。印象が薄いと見過ごされてしまうのは、人も商品もメッセージも同様です。「ありきたり」「その他大勢」と一度認識されてしまうと、そのあと挽回するのはかなりの労力が必要になります。まずは、どういった印象を残すのかということを戦略的に考える必要があるでしょう。
　このインパクトの要素の1つを「印象力」と名付けます。

› 次に「信じられる」強さ

　次に、圧倒され、信じさせられる強さを感じませんか？　現代は興味を引くための大げさな表現や誇張が珍しくはありませんが、単なるこけおどしだけではインパクトとは呼べないでしょう。やはりそのメッセージを信じたからこそ、インパクトを感じるのです。エッジという言葉はメリハリを感じさせ、興味を持ってもらう程度の強さを感じますが、インパクトとなるとやはり「説得力」が必要になります。

　コミュニケーションのアドバイスとして「相手が分かるまで何度でも繰り返すこと」というのがありますが、本当に効果的でしょうか？
　会議中に質問されて、何度も同じ話を繰り返す人を見ると私は本当にハラハラします。相手は「あなたの言っていることが理解できな

い」から質問しているのではなく、「それは本当に正しいの？　私は信じられない」と暗に言っているのです。ビジネスコミュニケーションは宗教の布教活動のように繰り返し自説を説く時間を与えられません。説得力があるメッセージであれば、一度聞けば十分なはずです。

　説得力というと偉い人や専門家など権威がないと出せないのではないかと思われるかもしれません。私もよくエグゼクティブとの会議の際に、部下から「私では説得力が足りないので、代わりに説明してほしい」と言われることがありましたが、説明を引き受けることは極力しませんでした。意地悪をしているわけではなく、企画に説得力を出せないのは練られていない証拠だと考えているからです。本当にインパクトのある内容であれば、上司の肩書など、本来企画やメッセージに関係のない「権威」を用いる必要はないと考えているからです。

最後は「他人事ではなく自分事として動かされる」強さ

　最後に、相手への波及効果、即ち「影響力」の強さがあります。インパクトは先ほどの辞書の定義でいえば「心理的な衝撃」ですから、心が動かされ、最終的には何らかの行動につながることになります。実は、あなたのメッセージが強い印象を与え、信じるに足ると思われたとしても、それだけでは行動に移してもらえるとは限りません。たとえば、ユニセフ（国連児童基金）が出している「低体重は栄養不良の主な指標のひとつです。世界では1億4600万人の5歳未満の子どもが低体重です」という話は印象にも残り、信じられる悲惨な現実ですが、残念ながらこの話だけを聞いても自分のことと捉えて寄付やボランティアなどの行動を起こす人は少ないと思われます。動いてもらうためには、相手に「他人事ではなく、自分事」として認識されるという、心を動かすためのあと一押しが必要なのです。

　影響力も説得力同様、人や権威に依存すると思われがちですがそう

ではありません。影響を受けて動く状態とは、「命令などで言われたから動く」のではなく、<mark>「他人事ではなく、自分事だと認識したから動く」</mark>状態なのですから、必ずしも権威が必要になるわけではないのです。自分は何に、どんなふうに影響されるのかを知ることは、自身のメッセージの影響力を高めるために有益です。影響力もまた、メカニズムを知り、使いこなす訓練により高めていくことができるスキルの1つです。

› インパクト＝印象力×説得力×影響力

このようにインパクトは印象力と説得力と影響力を併せ持ったものになることがご理解いただけたでしょうか？ 数式で表す際に、掛け算にしているのは、どれか1つでもゼロだったら、最終的に狙った効果は出せないということを意味しています。1つ欠けるとゼロになるというと不安に感じるかもしれませんが、どれか弱い要素があっても、他の要素が強ければ掛け算なので最終的には強い効果を出せるとも考

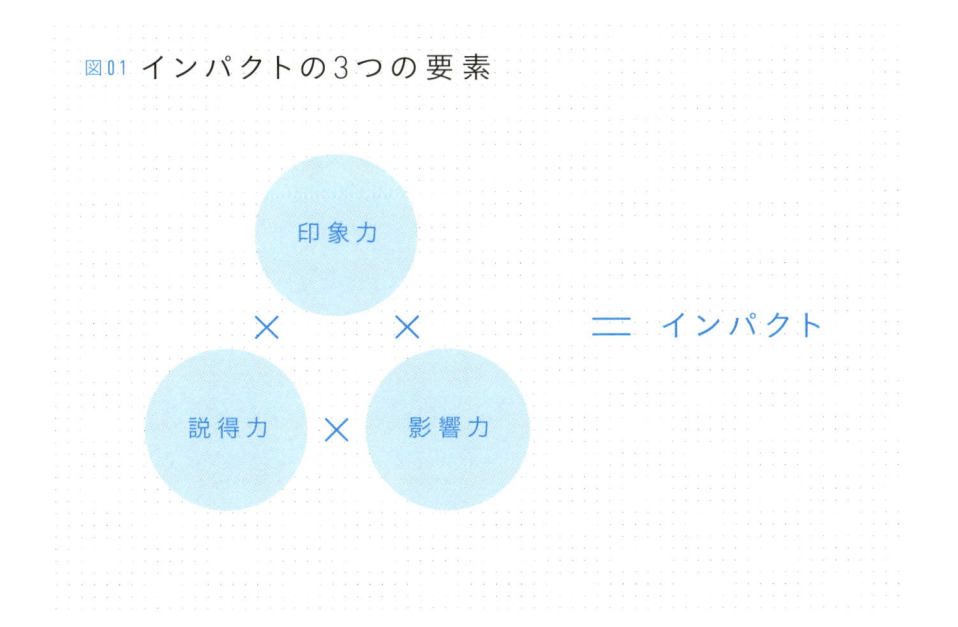

図01 インパクトの3つの要素

印象力 × × ＝ インパクト
説得力 × 影響力

えられます。たとえば第一印象としては当たり前であまり強くないメッセージだったとしても、徹底的に相手に合わせた内容にすることによって、自分事だと認識してもらって影響力を強めることで、最終的にはインパクトを強めることができるのです。物事は全て良い面、悪い面がありますので、インパクトの数式も良いほうに使うことを考えていきましょう。

インパクトは「ワクワク」？　「キラキラ」？

　余談になりますが、以前、私はプロジェクトメンバーが検討してきた提案書をレビューしていたときに「この提案はお客様にワクワク感とかキラキラ感を与えないよね。お客様がやってみたいという気持ちにならないでしょ？」とコメントしたのですが、言われたメンバーは「キラキラ感……ですか？」と頭を抱えていました。その当時、私はインパクトのことをかなりざっくりした感覚表現で伝えていました。「ワクワク」「キラキラ」という言い方は稚拙な表現ではありましたが、当時私がメンバーの作成する提案書に求めていたものは、

- 数ある提案の中で記憶に残ること
- 効果や進め方に「これならいける」という説得力があること
- 何よりもお客様が「やってみたい、やらなくては」と感じること

という3つの要件を満たしたインパクトでした（メンバーに理解できるように説明すべきだったと今となっては反省しています）。

　インパクトとは何かという3つの構成要素が見えてきたので、次にどのようにインパクトを出していくべきか、また自分のメッセージにはどの構成要素が欠けているのかということが、大分考えやすくなってきたのではないでしょうか？

CHAPTER_1　インパクトのメカニズムを知る

02
インパクトを上げる3つのステージ

› **インパクトには3つのステージがある**

　インパクトの構成要素が定義できたので、インパクトを与える方法を見ていきましょう。

　3つの構成要素は同時に満たすのではなく、段階的に考えましょう。ここでは、3つの構成要素を順にクリアしていくステージだと考えてください。

図02 **3つのインパクトステージ**

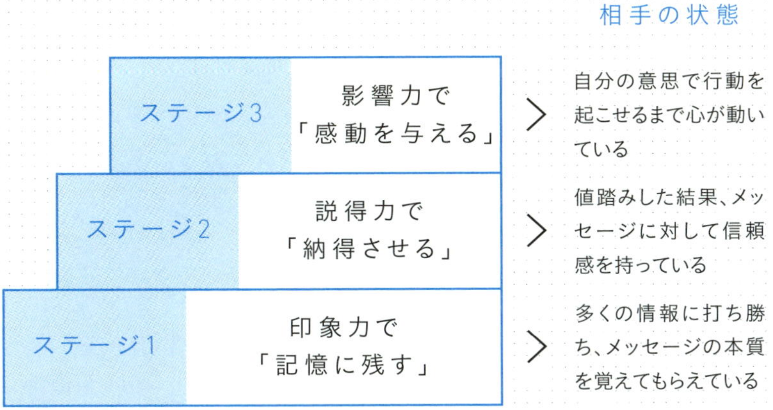

ステージ		相手の状態
ステージ3	影響力で「感動を与える」	自分の意思で行動を起こせるまで心が動いている
ステージ2	説得力で「納得させる」	値踏みした結果、メッセージに対して信頼感を持っている
ステージ1	印象力で「記憶に残す」	多くの情報に打ち勝ち、メッセージの本質を覚えてもらえている

［ステージ１］印象力で「記憶に残す」ステージ

　ここまで、説明を重ねてきたので、さすがに「自分の言うことは、相手に覚えてもらっているはず」とは考えてはいらっしゃらないと思います。自分が思っているほど、他人は興味を持って聞いてはくれません。他人の熱意は自分ほど強くないということです。

　よく経営者の方々の興味を引きつけられる時間は５分といわれています。５分で記憶に残すには相当練られたメッセージが必要です。私は色々な資料の内容や品質を確認する立場にありましたが、なかなか覚えられないものの特徴とそのときにぶつける質問をあげてみます。

- 整理されておらず、複雑　　→　「要するに何？」
- 何が特徴かが分からない　　→　「何がすごいの？」
- 当たり前のことを言っている　→　「それで？」

　つまり、考え抜かれていないもの、安易なものは記憶に残らないのです。

　このステージ１で問われるのは、メッセージの本質です。メッセージを伝える側が、「要するに何？」という本質を徹底的に考え抜いていない限り、相手の記憶に残すことはできません。ステージ１では、実は自分が言わんとしていることが印象深くなるよう本質をきわめることが求められます。極めて重要なステージであることがお分かりいただけたと思います。

［ステージ２］説得力で「納得させる」ステージ

　どうにか記憶に残させることに成功したら、次は内容について「本当に信じてよいのか？」「これを選んでよいのか？」という相手の疑問に直面します。あなたのメッセージが信頼に足るものなのかどうかを説得するステージです。

私たちは日々受けとるメッセージを意識的にも無意識的にも「値踏み」しています。「値踏み」とは「本質、能力、程度または重要さを見極める」ことです。私たちはこのステージ2で、相手に値踏みされるわけです。

　ビジネスコミュニケーションの多くはここでもつまずきます。たとえば、企業のビジョン、ミッションや提案のメッセージを見ると「グローバル企業」「最適な」「ユニーク・バリュー」「ソリューションパートナー」などと曖昧であることが多く、程度や重要性を見極めるのはとても難しいでしょう。たとえば「グローバルで活動しているというのはどの程度のことなのか？」「最適な在庫管理というのは何を意味しているのか？　保有率なのか納期なのか？　果たしてそれは、どれくらいすごいことなのか？」という値踏みに耐えるコミュニケーションをしていかなくてはならないのです。

　がむしゃらにスローガンを繰り返しても、空々しさが増し、メッセージの中の言葉の重みが減ってきます。「これなら大丈夫」と納得するインパクトステージをクリアするには、データや事例を「値踏みに耐える証拠」として見せる方法を学ばなければなりません。

［ステージ3］影響力で「感動を与える」ステージ

　映画や小説ではないので、涙を流すような魂の感動ストーリーを目指すわけではありません。相手があなたのメッセージを他人事ではなく、自分の問題として受け入れ、自らの意思で動くと心を決めるステージです。メッセージを記憶し、あなたの言うことの信頼性に納得したとしても、最後に行動に移してもらうためには、相手の感情によりそってもう1段階上がる必要があるのです。

　影響力の行使を考えるにあたり、面白い小話を紹介します。沈没し

そうな船の上で船員が乗客に海に飛び込むことを率先してやってもらいたいときに、それぞれの国民性に合わせて、以下のように伝えたという小話です。

- ロシア人には、海のほうを指して「あっちにウオッカが流れていきました」と伝える。
- イタリア人には、「海で美女が泳いでます」と伝える。
- フランス人には、「決して海には飛び込まないでください」と伝える。
- イギリス人には、「こういうときにこそ紳士は海に飛び込むものです」と伝える。
- ドイツ人には、「規則ですので飛び込んでください」と伝える。
- アメリカ人には、「今飛び込めば貴方はヒーローになれるでしょう」と伝える。
- 中国人には、「おいしい食材が泳いでますよ」と伝える。
- 韓国人には、「日本人はもう飛び込んでますよ」と伝える。
- 日本人には、「みなさん飛び込んでますよ」と伝える。

「海に飛び込ませる」という同じ行動をとってもらうにも国民性によって相手の心を動かすポイントが違うのです。にも関わらず、いつも同じパターンで影響を与えようとしていないでしょうか？　ステージ3では、相手の心の動かし方を訓練しましょう。

　インパクトを与えるためには、3つのステージをクリアする必要があるということが理解いただけたでしょうか？　あなたは様々なレベルのメッセージを日々送っています。その全てに3つのステージのクリアが必要なわけではありませんが、ここぞという提案や企画を受け入れてもらう際には必ずステージ3の要件まで満たすことが必要になってきます。「そこまでしなくても……」と思われるかもしれませ

んが、「はじめに」で述べたように、あなたのメッセージを受けとる相手は膨大なメッセージや情報の中にあり、やるべきことが山ほどあるのです。念には念を入れるに越したことはありません。

インパクトステージを上げていくことはスキルであり、訓練で伸ばすことができます。クリエイティブの人に必要とされるような才能やセンスといわれるものではないのです。この3つのステージを意識して日頃からメッセージや見せ方を繰り返しブラッシュアップすることにより、いざというときにこのスキルを発揮できるようになります。

› インパクトステージをクリアするための6つの要件

では、これら3つの各ステージはどのようにクリアしていったらよいのでしょうか？　このステージをクリアするために素晴らしい知恵を活用したいと思います。ここでは『アイデアのちから』（チップ・ハース＋ダン・ハース著、日経BP）の6つの要件を使います。同書

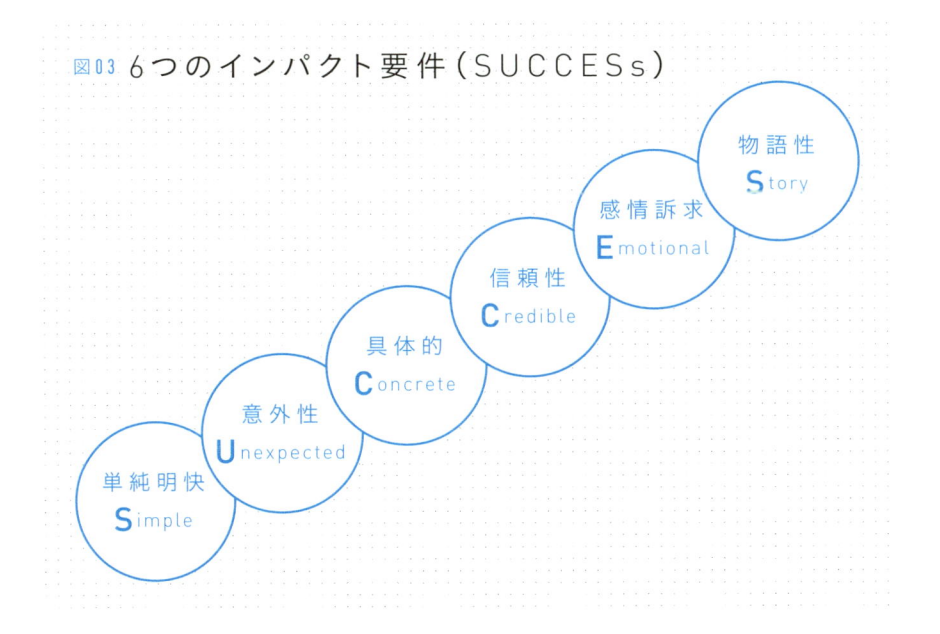

図03　6つのインパクト要件（SUCCESs）

- 単純明快 **S**imple
- 意外性 **U**nexpected
- 具体的 **C**oncrete
- 信頼性 **C**redible
- 感情訴求 **E**motional
- 物語性 **S**tory

は人を動かし、世の中を動かすすごいアイデア（メッセージ）の仕組みを徹底的に研究し、体系化した本です。

- 都市伝説のように一度聞いたら忘れられずに伝播していく話
- 人類に古くから語り継がれ教訓となっていることわざ
- ケネディ米大統領が掲げた「人類を月に立たせる」という壮大なビジョン
- 成功している企業や事業のメッセージ

など多くの人に影響を与えた事例が豊富です。

「人や世の中を動かす」ための要件は即ち、インパクトを出すための要件です。6つの要件の概要を紹介します。

> ①**単純明快であること(Simple)**
> 　メッセージの余分な枝葉が削り落とされ本質が見出されていること。
>
> ②**意外性があること(Unexpected)**
> 　関心を持ってもらうために、予想を裏切り、興味と好奇心を生み出すこと。
>
> ③**具体性があること(Concrete)**
> 　抽象的、曖昧な表現ではなく、誰が見ても理解できるリアリティがあること。
>
> ④**信頼性があること(Credible)**
> 　メッセージ自体、または伝え方に信じさせるものがあること。

⑤ **感情に訴求すること(Emotional)**
相手の感情をかき立て他人事ではなく自分事と認識させること。

⑥ **物語性があること(Story)**
行動を起こすだけのきっかけとなる心を動かす物語性があること。

　我々が自分のメッセージを強いインパクトを与えるものにする際の指針やチェックリストとして、非常に役立つ視点を与えてくれそうだと感じませんか？　私は駆け出しのコンサルタント時代から「話が面白く、なぜか説得されてしまうインパクトの強い人」のテクニックを盗もうとこっそりと分析し、体系化してきました。本人が持つ存在感やプレゼンテーションテクニック以外のメッセージの作り方については、この６つの要件にぴたりと当てはまります。

　あなたがインパクトを受けた人やメッセージについても６つの要件のどれを満たしているか分析してみてください。全ては満たしていなくても、多くを満たしているのではないでしょうか？

３つのステージは順番に満たしていこう

　私はこの６つの要件を、各ステージで２つずつ順番に満たしていくよう定義しました。たとえばいきなり感情に訴えることから考え始めても、本質が単純明快になっていなくては、情緒的になりすぎて何を言わんとしているのかが相手に伝わりません。順番にやっていくことに意味があります。

　やみくもにブレインストーミングを繰り返して思いつきで良いメッセージが出てくるのを待つのではなく、この順番でメッセージの本質やその伝え方を検証していくことで、インパクトを上げる確率を高めていけるのです。属人的なセンスや創造力ではなく、ビジネススキル

図04 3つのステージと6つのインパクト要件

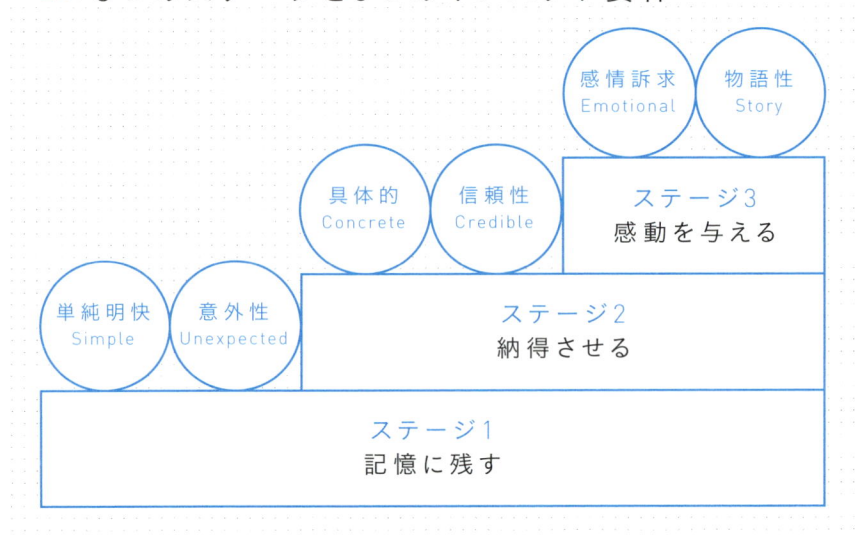

- 感情訴求 Emotional
- 物語性 Story
- 具体的 Concrete
- 信頼性 Credible
- 単純明快 Simple
- 意外性 Unexpected

ステージ3 感動を与える
ステージ2 納得させる
ステージ1 記憶に残す

として訓練でインパクトが高められると考えるとワクワクしてきませんか？

では、ステージごとに要件をどう満たしていくのかを具体例をあげながら見ていきましょう。

具体例には、有名な企業戦略や商品のマーケティングをあげていますが、そういった例のどこが優れているのかを見定める視点を持つのが目的です。ですから、自分の仕事は戦略立案や商品企画、マーケティングとは無縁だから……と受け止めずに、自分の企画や提案にインパクトを与えるテクニックとして習得してみてください。

CHAPTER_1 インパクトのメカニズムを知る

03
[ステージ1]
「記憶に残す」

› 「単純明快」であること

まず、インパクトの第1関門である、「記憶に残す」ステージでは、「単純明快」で、「意外性」があることにより、印象力を高めます。

「単純明快」であることに異論を唱える方は多くないと思いますが、単純明快のレベルは人それぞれ思い浮かべるレベルが異なるでしょう。ここでは、「一言で意図が確実に伝わるレベル」を目指す達成基準とします。
「一言で意図が確実に伝わるレベル」とはどのようなことなのか、例をあげて見ていきましょう。

例1：サウスウエスト航空「当社は最格安航空会社である」

サウスウエスト航空を成功企業の例として語るのは多くの書籍にお譲りさせていただくとして、単純明快であることの稀有な具体例としてあげたいのは、「当社は最格安航空会社である」という経営理念です。この理念が際立っているのは、記憶に残るのはもちろん、意思決定や行動指針として極めて分かりやすいという点です。

創業者であり、最高経営責任者を長年務めたハーバート・ケレハーが、ある部下に「ヒューストン−ラスベガス間で軽い機内食を出すと喜ばれそうなことが分かりました」と言われたとき、「機内食を追加すれば、当社はヒューストン−ラスベガス間で最格安航空会社になれ

図05 単純明快さは意思決定を楽にする

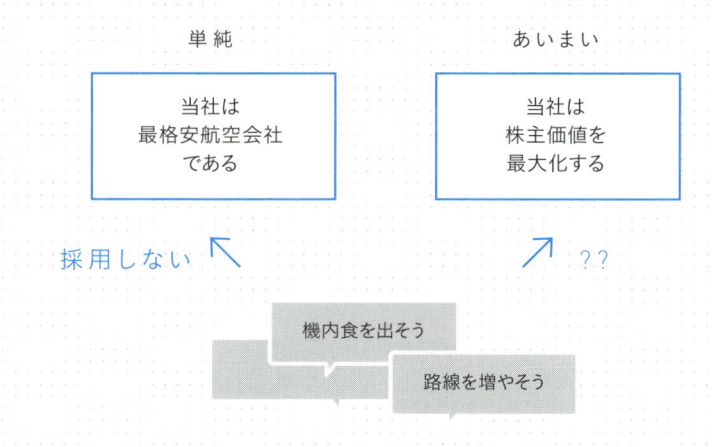

単純
当社は
最格安航空会社
である

あいまい
当社は
株主価値を
最大化する

採用しない ←　　　　　　　→ ？？

機内食を出そう
路線を増やそう

るのか？」と聞き、「無敵の格安航空会社となるのに役立たないなら機内食は出さないよ」と答えたというエピソードがあります。

たとえば経営理念が「当社は株主価値を最大化します」だったとしたら、機内食を出すか出さないかという意思決定の判断基準として役に立つでしょうか？　メッセージとして曖昧であることは、記憶に残らないだけでなく、意思決定も困難にさせるのです。

例2：ディズニーランド「キャスト」

東京ディズニーランドのサービスレベルは非常に高く、数々の逸話があることで有名です。世界のディズニーリゾート・ディズニーパークでは従業員のことを「キャスト」、入場客のことを「ゲスト」と呼ぶのはご存知の方が多いでしょう。これは、「パークは巨大なステージであり、従業員はそのステージ上でそれぞれ配役された役割を演じるキャストである」というウォルト・ディズニーの考えに由来しています。そのため、ゲストが入れるエリアは「オンステージ」（舞台）、

関係者専用区域を「バックステージ」（舞台裏・楽屋）、キャストが配属される各部署を「ロケーション」と呼ぶなど、映画・演劇用語が使用されています。初期研修後、各ロケーションに配属される際には「あなたの配役は」と記載された辞令を渡すなど、この考え方による業務は徹底しているのです。

　この「キャスト」という単純明快な呼称の優れた点は、この言葉だけで様々なシチュエーションでとるべき行動を考えることができることと、アルバイトも含むスタッフ達にプライドやモチベーションを与える点でしょう。たとえばキャストには行き帰りの電車の中などパークを離れたところでも不用意な発言をしない、子供に優しく接するなどの行動を自らとる方が多いということにも表れています。これがたとえば「最高のホスピタリティとエンターテインメント性のあるサービスを提供するプロフェッショナル」という言い方だとしたら、正しく表しているものの記憶に残りにくいでしょうし、伝説となるような行動にも結びつきにくいかもしれません。

　なぜ多くの提案書や企画書は、主要なポイントだけで5つ以上もあったり、冗長な文章や整理されていない複雑な図解で表現されていたりと、とても覚えていられるような状態ではないものが多いのでしょうか？　それは、選択することを拒否する「思考停止」に陥っているからです。突き詰めていくと何が重要なのかは見えてくるのですが、その過程は実は非常にタフです。

　専門家としての知識が増えれば増えるほど、正確さを追求するあまり、メッセージの本質を伝えることよりも、ディテールを余すところなく伝えることのほうに重点を置きがちになります。残念ながら詳細な情報は相手が全容を把握してからでないと、いくら伝えても理解されないのです。また、関係者が多いとそれぞれの言いたいことを盛り込もうとするあまり、総花的になりがちです。伝えたいことの本質を

できるだけ単純明快にして、相手に一瞬で覚えてもらってから詳細を伝えない限り、何も伝わらないと考えるべきです。

　一言で言い表すためには、ディズニーランドの「キャスト」のように比喩を活用するのはとても有効なやり方です。相手の心の中にある概念を活用すれば、たくさんの情報をメッセージに盛り込む必要がなくなります。第2章では、このような単純明快にするためのテクニックをご紹介していきます。

「意外性」があること

　道徳的な話を聞いていたり、読んでいたりして眠くなった経験はありますよね？　それは内容が自分にとって「当たり前」だったり「常識」だったりすることが理由です。私が研修開発をやるときに、知恵をしぼるのが実はこの部分です。リーダーシップ研修やコンプライアンス研修などで伝えたい内容には、受講者にとっては既知の事柄であったり、教訓めいた一見つまらないと捉えられかねないことが多いのです。そういった受講生の期待や予想をいい意味で裏切り、「こんなに重要だったとは（あるいは面白いとは）意外だった」と驚きを与えて記憶に残さないと研修としての効果が出ないのです。

　研修に限らずあなたのメッセージを記憶してもらうためには相手の予想を超える「意外性」が必要になってくるのです。意外性がある例をご紹介します。

例1：松山バレエ団「すべての舞台芸術の"前座"とならん」

　日本を代表するバレリーナの森下洋子さんが率いる松山バレエ団は日本最高峰のバレエ団の1つとして有名です。そのバレエ団の理念であれば、普通に考えたら「私たちは常に最高のバレエ芸術を追求します」というような誇り高い一言が来ると想像しませんか？　にも関わらず、バレエだけでなく、"すべての舞台芸術の前座"を務めるとい

図06 「常識」は心に残らない

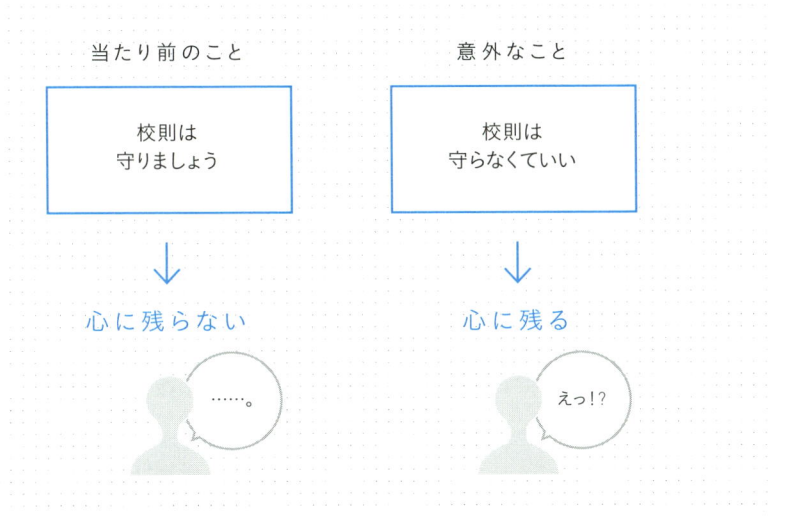

当たり前のこと　　　　　　　意外なこと

　　校則は　　　　　　　　　　校則は
　守りましょう　　　　　　　守らなくていい

　　↓　　　　　　　　　　　　↓

心に残らない　　　　　　　　心に残る

……。　　　　　　　　　　えっ!?

うのですから、驚きを与えます。"前座"とはメインを務める人の前に、舞台や観客を「温める」役割です。バレエ団のホームページでは以下のように続きます。

「わたくしたちはこのような心意気のもとに松山バレエ団のもろもろの公演ならびにThe Japan Balletとしてのさまざまな形態の公演をおこなっております。
　これらの活動が、お客さまにとって『"舞台芸術"とはこんなに有意義でこんなに面白い』という概念を持ってくださるきっかけとなり、さまざまな舞台芸術に興味と関心を持ってくださる契機となるならば、身にあまるしあわせと存じます」

　この姿勢に心を打たれる人は多いと思いますが、「前座を務める」というメッセージは、「誇り高き最高峰バレエ団」という普通に持たれがちなイメージを覆し、「真摯な姿勢で芸術全体に寄与する崇高な

芸術集団」としてバレエ界というジャンルを超え、一瞬で記憶に残ります。

例2：予想を超えた接客レベル

　例1はイメージを覆すという意外性の出し方ですが、予想レベルを超える意外性の出し方の例としては、多くの方に知られているザ・リッツ・カールトンや米国百貨店ノードストロームが顕著です。それぞれの逸話からいくつか紹介しましょう。

> **ザ・リッツ・カールトンのサービス逸話**
> 　お客様が客室に忘れた講演資料を東京での講演に間に合うように新幹線に乗って届けた
> 「プロポーズをするので砂浜にビーチチェアを1つ残しておいてほしい」と頼まれたスタッフはタキシードに着替え、テーブルとシャンパンを用意し、男性がひざまづいても服がよごれないようにハンカチを敷いておいた

> **伝説の百貨店　ノードストロームのサービス逸話**
> 　顧客が午後の会議で着るシャツにアイロンをかけた
> 　顧客が買い物をしている間に顧客の車の中を暖めておいた
> 　顧客が他店で買った品物をギフト包装した

　これらは通常の「顧客第一主義」という言葉から受けるレベルを塗り替えるものです。この数々のエピソードが未だにメディアや口コミで広がり続けていることやその効果を考えると、単なる過剰サービスというわけではないでしょう。顧客の予想を上回るだけでなく、従業員や新入社員に対しても自分達が通常想像できるレベルを超えて、真の顧客サービスを追求しなくてはならないということを記憶に刻み込むメッセージです。

図07 ステージ1は「本質」を見つける重要な作業

複雑で冗長な情報 / 本質的なメッセージ

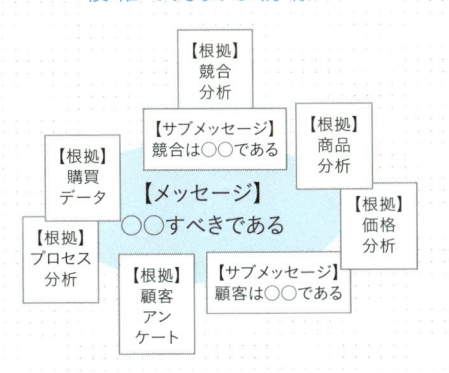

【根拠】競合分析
【サブメッセージ】競合は○○である
【根拠】商品分析
【根拠】購買データ
【メッセージ】○○すべきである
【根拠】価格分析
【根拠】プロセス分析
【根拠】顧客アンケート
【サブメッセージ】顧客は○○である

【メッセージ】○○すべきである

　余談ですが、最近買い物をすると「入口までお持ちします」とたかだか数メートルの距離を大きくもない買い物袋を店舗スタッフが持ってくれるサービスを受けることがあります。このサービスももしかしたら、始めた頃は大切な顧客として扱われている感覚をお客様に抱かせたのかもしれませんが、既にそれを受ける方は意外性を感じることはありません。相手が何に意外性を感じるのか、自身の企画や商品・サービスにおいて相手の予想レベルを上回る部分はどこなのかを見つけ出しましょう。それは即ち強みや優位性を際立たせることです。ここが明確でないと、後工程において図解技術でインパクトを出そうとしても表層的になってしまうのです。

　このステージは初めのステージでありながら、実は最も難しいステージだと考えてください。単純明快さと意外性の追求は、本質の見極めと強みを徹底的に考えることだからです。

CHAPTER_1　インパクトのメカニズムを知る

04
［ステージ2］
「納得させる」

› あなたの資料は「値踏み」される

　「納得させる」というネクストステージでは、「値踏みされる」と述べました。では、ここであなたがインターネットで、まだ実際に見たことや手にとったことのない商品を購入することを想像してください。あなたはどのような観点で値踏みするでしょうか。

- 実物はどんなものなのか？
- どの程度役に立つものなのだろう？
- 高いものを売りつけられようとしていないだろうか？
- この店って、あやしくないの？
- 実際に使った人の評価は？
- 他にもっといいもの／安いものがあるのでは？

　きっとあなたが日頃、購入の意思決定をする前につぶやく様々な値踏みの観点が数多くあがったことでしょう。商品など具体的なものであれば、イメージしやすいかもしれませんが、無形のサービスで自分が知らないものだったらとても慎重になりますよね。値踏みを経て、納得させるには「具体性」と「信頼性」が必要です。

› 「具体性」があること

　具体的な説明は誰もが求めるものだと思われますが、なぜできていないのでしょうか？　そこにはいくつかの思い込みが関係していますので、例をあげて見ていきます。

例1：スティーブ・ジョブズ「iPod。1000曲をポケットに」

　ジョブズのプレゼンテーションはそれだけで一冊の本が出ているほどですが、ここでは、「具体性」という視点で見てみましょう。
　私が具体性という意味で秀逸だと考えるのはiPod発表時のメッセージ「iPod。1000曲をポケットに」です。この極めて短いメッセージは、単純明快さ、意外性、具体性を兼ね備えています。これが以下のような表現だったら、あなたはインパクトを受けますか？

「今日発表するのはウルトラポータブルなMP3プレーヤーです。重

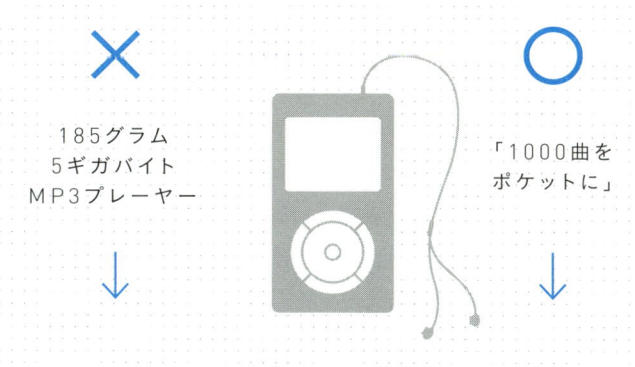

図08　具体性は「イメージできるか」がポイント

×
185グラム
5ギガバイト
MP3プレーヤー
↓
リアリティがない

○
「1000曲を
ポケットに」
↓
リアリティがある

CHAPTER_1　MECHANISM　インパクトのメカニズムを知る

量は185グラム、5ギガバイトのハードディスクが搭載されています」

　上記の表現には事実も数字も書かれています。それなのになぜ、具体性を感じられないのでしょうか？　ここに実は誰もが陥りがちな罠があるのです。通常「事実」や「数字」は具体的と考えられますが、実は相手にとってのリアリティがない場合には具体的とは認識されないのです。「5ギガバイト」は音楽をミュージックファイル形式でよく聞いている人やコンピューターに詳しい人にとっては、何ができるのかをイメージできるリアリティのある数字かもしれませんが、まだMP3プレーヤーを使ったことのない人にとっては、何曲入るのか、どれくらいすごいことなのかが具体的にイメージできないのです。「185グラム」も同様に、「ポケットに（入る）」という誰にとってもイメージできる具体的な表現で表されています。

　「事実情報は具体的である」というのは技術者や専門家に多い誤解です。「数字は具体的である」というのも経営者や財務・経理部門、学者に多い誤解です。その世界の中ではリアリティを感じさせる技術スペックや経営・統計の数値情報が、全ての人にとって同じリアリティを感じさせることはないのです。
　ジョブズのプレゼンテーションの中でもその相手にとってのリアリティを示すテクニックは非常に模倣しやすいものです。ディスク容量を保存可能な曲数に置き換えているだけなのですから。

例2：『もし高校野球の女子マネージャーがドラッカーの「マネジメント」を読んだら』
　公立高校の弱小野球部でマネージャーを務める女子高生が、ピーター・F・ドラッカーの組織管理論の手引書『マネジメント』を偶然に書店で手にとったことを契機に部の意識改革を進め、甲子園を目指

すというストーリーで200万部を超えるベストセラーとして有名です。ドラッカー哲学の真意をくんでいないなど賛否両論渦巻いていますが、本書でお伝えしたいポイントは、野球部の話にしたことにより、分かりやすくなっている点です。

　ドラッカーの経営哲学を、野球部のマネージャーが「実践する」ということで具体的に理解を促進しています。

　iPodのような実体のある商品では、スペックや特徴を顧客がリアリティを感じる表現にすることで具体性を持たせられますが、哲学や行動指針など更に概念的なものに具体性を持たせるには、このように「特定の人物（マネージャー）の特定の行動（甲子園を目指す）」に落とし込むことが効果的なのです。前述したザ・リッツ・カールトンの従業員のエピソードもこれに当てはまります。「一流の顧客サービス」という抽象的な理念が特定の従業員の特定のサービス行動によって、お客様に具体的に伝わります。

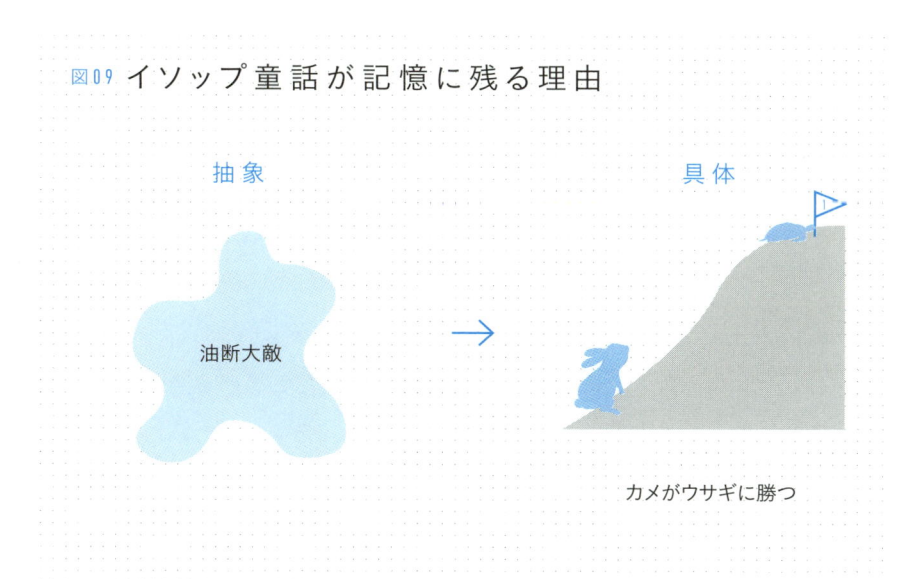

図09 **イソップ童話が記憶に残る理由**

抽象　　　　　　　　　　　具体

油断大敵　　　→　　　カメがウサギに勝つ

「ウサギとカメ」「アリとキリギリス」といった『イソップ物語』などの童話は概念的・抽象的な教訓を、特定の動物がとった行動で表現しているので、具体的に記憶に残り、何百年を経ても私たちの行動や考え方にインパクトを与えているのです。「勤勉に油断せずに頑張ることが大切です」という抽象的表現では、「それがどうした？」と言い返されるだけで、インパクトは与えられません。

自分の商品、企画の特徴を「相手のリアリティ」に置き換えること、「特定の人物の特定の行動」に落とし込むことは、単純明快にすることや意外性を出したりすることよりも容易です。是非このテクニックを身につけましょう。

「信頼性」があること

まず基本的に、売りたいから、企画を通したいから都合の良いことを言っているに違いないと、相手に疑われているところがスタート地点です。

そこから信頼性を得るに至ることは、インパクトを単なるウケ狙いにとどまらせないための必須条件です。信頼性というと「私の言うことを信じてください！」と熱弁を振るうことをイメージされがちですが、逆効果になる場合もあります。いくつか信頼性を得られる例を見ていきましょう。

例1：あの仕事をした人なら安心「シナトラテスト」

「シナトラテスト」——聞き覚えのない言葉だと思いますが、これは、フランク・シナトラの名曲『ニューヨーク、ニューヨーク』の「ここでうまく行けば、どこへ行ってもうまく行くさ（If I can make it there, I will make it anywhere）」という一節から来た、「信頼性の獲得には特定の事例を出すのが効果的」ということを意味しています。「あの仕事をやった人」というだけで、次々と仕事が来るというわけ

です。

　世界レベルで誇る実績である必要はなく、たとえば物流に関する商品・サービスであれば、グローバルであればFedEx、日本であればヤマト運輸、沖縄であれば琉球運輸（架空の企業です）で導入実績あり、などそのサービスの対象領域と対象市場でシナトラテストに相当する、それ1つで全てを語れるレベルの実績があればよいわけです。

　そんな実績があったら苦労はしないと思われるかもしれませんが、近年は大きな市場を相手に汎用的な商品・サービスが売れる時代ではありません。しかし、そのセグメンテーション＝領域×市場におけるニューヨークに相当するものは探し出せる可能性が大でしょう。

　また、社内企画においては「誰のどんな問題を解決する企画なのか」が問われます。ここでも自分の仕事の実績（＝過去にどんな問題解決をしてきたのか）を棚卸しし、自分がその企画におけるシナトラテストを合格した実績を探し出すべきでしょう。

例2：近い立場の人からの"口コミ"

　飲食店のランキングサイト「食べログ」で、ステルスマーケティングが問題になりました。ステルスマーケティングとは、顧客に宣伝だと気づかれないように宣伝行為をすることです。「食べログ」では飲食店からの広告ではなく、その店の利用者が書き込む口コミや点数、それを基にしたランキングの掲載が売りです。ところが飲食店に好意的な評価を投稿し、ランキングを上げる見返りに金銭を受け取る業者が2012年2月時点で39社あったことが明らかになり、信頼性が揺らいでいます。

　NTTレゾナントによる「購買行動におけるクチコミの影響」調査によると、購買行動において口コミの影響を受けた経験のある人は8割いますが、どのような口コミが信じられるのかというと、以下の特徴があったそうです。

- 文章がしっかりしている
- 自分と同じ考え方、同じような年代、立場の人の意見

　口コミなら何でもよいということではなく、「自分に近い立場、価値観を持っているしっかりした人」の言うことを参考にしたいという特徴が浮かび上がってきます。

　コンサルタント時代、とにかく他社の事例を知りたがる"事例好き"のお客様がいらっしゃいました。プロジェクトメンバーは海外・同業・他業界と膨大な事例を収集して報告しますが、「他にもないの？　○○社のも知りたいな」と言われ疲弊気味でした。事例を意味なく見るのははっきりいって、インターネットの口コミを延々と見続けるのと似ています。私はお客様が同業他社だけ見てプロジェクトにGOサインを出すことに不安を感じているというのは理解したので、その業界より先行して変化が起きている他業界から、そのお客様企業

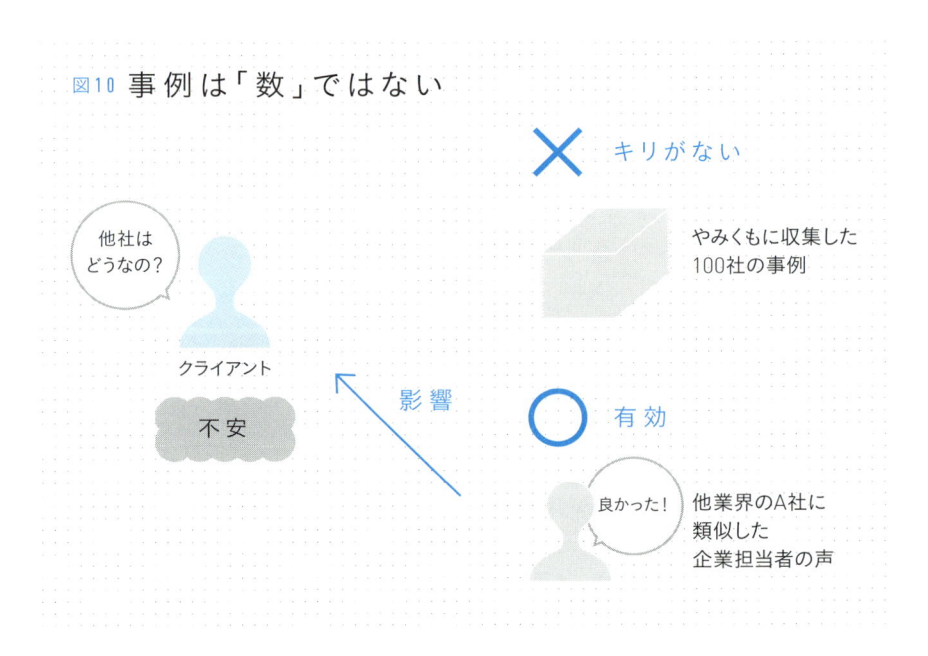

図10 事例は「数」ではない

× キリがない
やみくもに収集した100社の事例

他社はどうなの？
クライアント
不安
影響

○ 有効
良かった！
他業界のA社に類似した企業担当者の声

と業態や規模などの類似点があり、成功した企業の事例を探し出し、改革の責任者の方に説明をお願いしたところ、お客様にもすぐに納得していただけたという経験があります。

商品・サービスや企画の主体者が発信するメッセージは常に「売りたいからだろう」と疑いの目が向けられる今、情報の発信源にいかに信頼性を持たせるかはメッセージが伝わるかの生命線ともいえます。

自分視点ではなく、相手視点にならなければ、具体性も信頼性も出すことはできず、納得させられないということがお分かりいただけたでしょうか？　第2章以降で相手視点での具体性・信頼性の出し方を見ていきましょう。

CHAPTER_1　インパクトのメカニズムを知る

05
[ステージ3]
「感動を与える」

› 「懐に飛び込む」段階

　影響力で感動を与える最終ステージでは、より相手の懐に飛び込むことが要件になってきます。メッセージを記憶し、あなたの言うことの信頼性に納得した相手に、最後に一押しして行動に移してもらうためには、「感情訴求」と「物語性」が必要です。

　広告やマーケティングではなく、一般のビジネスシーンにおいて感情訴求や物語性が果たして必要なのかと思われる方も多いでしょう。テレビのような大げさな演出や非論理的な小話などはビジネスライクではない、と。「損益至上主義」の文化にどっぷりつかっている経営幹部やあなたの上司や部下、提案相手のお客様は、"客観的な論理"でしか意思決定しないと思われているかもしれません。

　実はここに誤解があるのです。「客観的な論理」という言葉自体が成り立たないのです。少し話が長くなりますが、論理思考（ロジカルシンキング）とインパクトの関係を紐解いておきます。

　ビジネスパーソンにはロジカルシンキングは基本スキルといわれています。ロジカルシンキングを簡単にご説明しますと、「見方」と「考え方」に分解できます。見方は、MECE（"Mutually Exclusive, Collectively Exhaustive" の略。抜け漏れなくの意）やフレームワークなどを活用して、事象の全体を捉え細分化して問題を特定していきます。

図11 「論理」の根底には「感情」がある

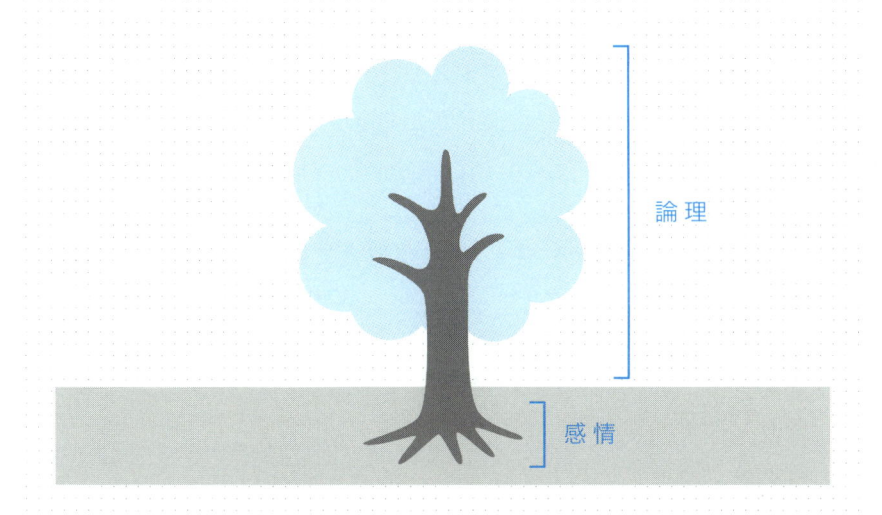

論理

感情

　考え方は、仮説を立て検証することを繰り返しながら、ロジックツリーで垂直的に問題の原因や解決策を探ります。とても客観的に意思決定ができそうに思われますね。しかし、目の前にある事象に対してどのような見方を適用するのかを選ぶ時点で、その人の視座（物事を見る姿勢）で決めていますし、更にいうなら仮説検証アプローチ自体が主張を立証していくためのものです。

　つまり、論理的に相手にメッセージを伝えるときには、自分の主観による論理ではなく、相手の主観に立った論理に置き換えることができるかどうかが決め手なのです。

　主観とは「その人ひとりのものの見方」ですから、その人を動かす感情のツボを知り訴求することは極めて重要になってきます。企業やビジネスは数値や論理など一見無機質なもので動いているように見えますが、必ず根底には「感情」が流れているのです。

› 「感情に訴求」する

　人間には様々な感情が渦巻いているのは私たち自身が身をもって理解していることですが、ビジネスにおいてどのような感情に訴求していくのかは多くの事例に学ぶべきところがあります。いくつかご紹介しましょう。

例1：TEDプレゼンテーション「学校給食で使われる砂糖の量」
　TEDはアメリカ・カリフォルニアに本拠地を置き、価値のあるアイデアを広めることを活動目標とし、テクノロジー（T）、エンターテインメント（E）、デザイン（D）を中心とした様々な活動の中から、世界に広めるべきと思われるアイデアを持った人にプレゼンテーションの場を提供している組織です。TEDカンファレンスはインターネットで公開されており、インパクトのある素晴らしいプレゼンテーションが数多く見られる教材です。18分以内という限られた時間で伝えるという真剣勝負で、発表者は様々な工夫を凝らしています。このTEDカンファレンスで受賞した、ジェイミー・オリバーのプレゼンテーションは、人々の「嫌悪感」という感情に生々しく、かつ激しく訴求しています。

　イギリス人シェフであるジェイミーは、アメリカの学校給食のあり方について問題提起しています。給食がほとんどナゲット、フライドポテトなどのファストフード、飲み物は砂糖のたっぷり入った味つき牛乳、という状態を「子供への虐待」と表現しています。それを伝えるために、「これがアメリカの小学生が5年間に、給食の牛乳から摂取する砂糖です」と言いながら、台車1台分もある砂糖をステージにぶちまけたのです。プレゼンテーションが続いている間ずっとその砂糖の山はそこにあり、聴衆の怒りや嫌悪感を否応なしに刺激しました。この砂糖漬けはまさに「虐待レベル」であるとずっと感じさせ続けた

のです。これをただ「砂糖○○キログラム」と伝えるのではインパクトレベルが違います。

例2：女性ファッション誌に学ぶ感情訴求のマーケティング

女性ファッション誌は細やかな感情を刺激するマーケティング手法をとっています。女性誌が刺激する感情は3つあります。①ああなりたい、②ああはなりたくない、③あの人がやってるなら、の3パターンであり、それぞれ刺激するための人物設定が異なります。

たとえば、①の「ああなりたい」という憧れを刺激するのは女優やカリスマモデル、②の「ああはなりたくない」という危機感を刺激するのはダイエット前のみじめなお腹をさらしている一般読者、③の「あの人がやってるなら私も」と思わせるのは読者モデルです。

中でも読者モデルは女性誌特有の存在です。女性は本物のモデルより身近な読者モデルに自分を投影することで、購買行動の最後の一押しにつながりますが、男性はどんなに自分の好みに近い服や物を持っていても身近な人の場合はややもすると「ライバル」として敵対心や反抗心を抱き、物欲は逆にそがれてしまうのです。

ビジネスシーンにおける提案で相手の感情訴求ポイントを知るには感情そのものの理解が必要です。第2章では感情のタイプとその訴求の仕方を見ていきましょう。

「物語性」がある

論理思考については前述しましたが、論理思考の最大の欠点は、論理思考でメッセージを伝達すると、必ずどこかで「検証・反論」という攻撃に遭うことだと私は思っています。一生懸命想像力を働かせて相手の論理で展開していても、どこかで1つ論理的矛盾や、前提を否定されるとそれまで積み上げてきたものがガラガラと音を立てて崩れ

ていく、ということを体験された方も多いことでしょう。しかし、物語でメッセージを伝えると途中で遮られる危険性はかなり減ります。更に、その物語が相手の人生の中のどこかで体験したことと合致すれば、理詰めの説得では得られない大きな「共感」につながるのです。たとえば次のような例があります。

例1：60歳と30歳が創業した生命保険会社「ライフネット」

　ライフネット生命保険は2006年、当時60歳の生保業界のベテラン出口治明社長と、30歳のMBAホルダー岩瀬大輔副社長が立ち上げたネット生保です。「若い世代の保険料を半分にして、安心して子どもを産み育てることができる社会を作りたい」という思い、複雑で分かりにくい保険と高い手数料で売るというそれまでのビジネスモデルへの挑戦から始まっています。両氏は広くメディアなどで語っているので目にされた方も多いかと思います。私もお話をうかがう機会がありましたが、起業への思い、業界への挑戦、還暦での起業、ベテランと若手というダイバーシティ、リーダーシップ、マネジメントなど多様な面で人間味のある物語にあふれていました。

　単に安さだけを売り物にしてもいつかは競合も同様のことをして値下げ競争になるのは目に見えていますが、ライフネットは両氏の物語によって、幅広い年齢層の人々を自社の応援団（ファン）に変えていっているのです。物語によって得られた共感は、損益比較だけの意思決定に持ち込ませない強さがあります。

例2：『大改造!!劇的ビフォーアフター』の家族再生の物語

　様々な問題を抱えた家が「匠」と呼ばれる建築士によるリフォームで大変身する過程を描いたテレビ番組で、そのナレーターの独特の語り口とともに大きな反響を呼んでいます。住まいの改造だけに終わらず、大改造を通して、再び"家族の絆とやすらぎ"を取り戻す過程は

物語そのものです。単なるリフォーム事例の紹介では、このような感動は生まれません。ポイントは3つあります。

1つ目は、ビフォーの住まいに対して問題を象徴する名前がつけられていることです。たとえば「お風呂に入ると風邪をひく家」「子供の躾ができない家」「階段を後ろ向きで下りる家」「焼肉をすると電気が消える家」などです。このタイトルが秀逸で、そもそもどんな問題があるのか、どうやって解決されるのか、視聴者の興味関心を駆り立てます。

2つ目は「匠」が2つ名で呼ばれていること。2つ名とは「○○の誰それ」というように「得意領域＋存在描写」で表現される異名のことです。たとえば、「光の魔術師」「バリアフリーの熱血講談師」「素材使いの風雲児」などと呼ばれており、聞いただけで専門性が理解され、ただならぬ存在への期待感が生まれます。

3つ目は、全く別物に改造してしまうのではなく、どこかに家族の象徴となるようなものが活かされること。以前は店舗だった家では、看板やカウンターを活かしたダイニングルームに、おばあちゃんが着物をたくさん持っていた家では着物を加工して壁の彩りに、廃材をタイル加工して庭の敷石にするなど、どこかに大改造前の家のものを活用するのです。これによって、再生の物語は更にストーリー性が高まり、匠の懐の深さや技のすごさも引き立ちます。

この物語の構成はそのまま、提案書に役立てられそうだと思いませんか？

CHAPTER_1　インパクトのメカニズムを知る

06 インパクト図解アプローチ

› 3つのステップ

　以上、本書で目指すところを理解していただくために、3つのステージと6つの要件とその実例を見てきました。では、どのようにして、インパクトを出していくのか、アプローチ方法をご説明します。

ステップ1：メッセージを練る

　これまで紹介してきた6つの要件（SUCCESs）でメインメッセージやサブメッセージをインパクトの強いものにします。データ、事実、アイデア、情緒的な要素などを集め発散させ、伝えるべき強いメッセージに集約していきます。詳しくは第2章で説明します。

ステップ2：ストーリーボードを構成する

　メッセージそのまま相手にぶつけては意図通りに理解されるとは限りません。伝えたい内容と相手の理解度に合わせて、ストーリーボードを作ります。ストーリーボードとは映画の絵コンテとほぼ同様のものです。第3章では伝えたいメッセージ、相手の受容度、制限時間に合わせて、何をどんな順番で伝えるかを構成していきます。

ステップ3：インパクトを表現する

　メッセージとストーリー、表現には、様々な組み合わせがあります。図解表現には文字、表・グラフ、図、画像・動画など色々ありますが、

図12 インパクト図解作成の3つのステップ

```
┌──────────┐
│ ステップ1 │   メッセージを練る
└──────────┘
     ↓
┌──────────┐
│ ステップ2 │   ストーリーボードを構成する
└──────────┘
     ↓
┌──────────┐
│ ステップ3 │   インパクトを表現する
└──────────┘
```

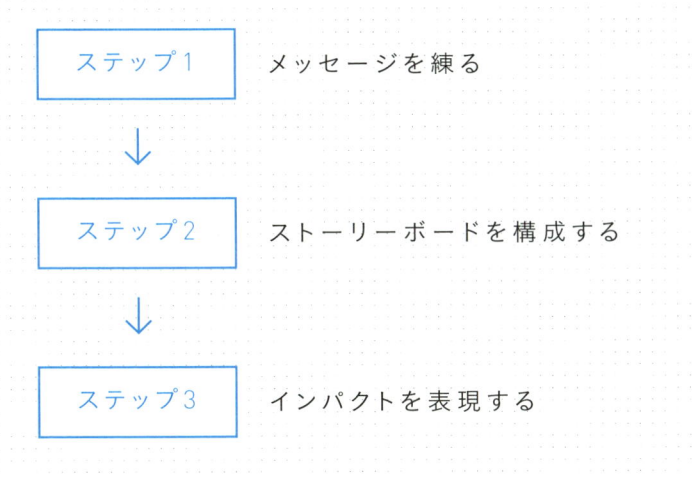

いつも同じ方法では相手に伝わりません。第4章では、メッセージとストーリーを図解で表現する方法を見ていきましょう。

インパクトの陰にコントラストあり

　インパクトを出すために3つのステップで共通して心がけることは、「コントラスト」です。コントラストとは、対比のことです。写真やデジタル画像の色彩で考えると分かりやすいでしょう。色彩には3つのコントラストがあります。

- 彩度コントラスト　：　鮮やかな色と濁った色
- 明度コントラスト　：　白と黒、無彩色間、明暗の対比
- 補色コントラスト　：　赤と緑など互いを引き立てる反対色

　この3つのコントラストを調整し、印象を深めていくのです。ビジネス文書でもこの色彩のコントラストの出し方が適用できます。

まず、ステップ１のメッセージはSUCCESsの要素で検討し、鮮やかにします。色は混ぜれば混ぜるほど濁ります。ビジネス文書における濁りとは余計な情報が加わっているということです。情報をそぎ落として、ビビッドなメッセージにしていきましょう。

　ステップ２のストーリー構成はメッセージとデータや事実の配列を考えていきますが、その際に良いことを言っているのか、悪いことを言っているのかを明確にし、明暗をくっきりと出すのです。この配列と意味づけがうまい人が「ストーリーテラー」と呼ばれるのです。

　ステップ３の表現では、メッセージやデータの引き立て方を計算します。データは表やグラフ、コンセプトは図解などが一般的に使われる表現方法ですが、その表現方法を違うものに変えることで引き立ってくることもあります。

　メッセージそのものが常にSUCCESsを全て満たすほどインパクトが強いものであることは稀(まれ)です。その場合にはインパクトはコントラストを強調することで生み出すのです。「インパクトの陰にコントラストあり」と覚えておいてください。同じ話をしても、とても印象に残るように話せる人はこのコントラストの出し方がうまいのです。メッセージ、ストーリー、表現、それぞれでコントラストをどう出していくかを次章以降で見ていきましょう。メッセージを色鮮やかにする旅の始まりです。

> **POINT**
>
> 本章では、インパクトとは何かを要素分解し、３つのステージ、６つの要件についてお話ししてきました。人の心を動かすメカニズムが存在することをお分かりいただけたでしょうか？　メカニズムを知ると、インパクトのある人やメッセージを分析し、自分で応用することができるようになります。

私にはよいアイデアが浮かびますが、
他の人もそうです。ただ私の場合幸運だったのは
そのアイデアが受け入れられたということです。
——アルベルト・アインシュタイン

CHAPTER_2

メッセージを練る

CHAPTER_2　メッセージを練る

01
単純明快にする

› **実際にやってみよう！**

　　メッセージを練り上げていくためには、SUCCESsの順番通りにアイデアを形にしていきます。中でも単純明快にすることは本質を見出すことであり最も重要ですが、意外性や具体性、信頼性などを検討していくことによって、更に本質が際立ってくるので、初めにメッセージを仮置きし、最後にもう一度単純明快にするとよいでしょう。

　　これから順番に見ていきますが、もしあなたが今検討しているアイデアがあったら、本書を読みながら実際に実行してみることをおすすめします。インパクトのあるアイデアにしていくのは本当にワクワクするプロセスです。一緒に楽しみながら進めていきましょう。

› **単純明快にできない理由**

　　まず、なぜ単純明快ではないメッセージが横行してしまうのか、理由を紐解いてみましょう。

　① 本質が見出せていない
　　「戦略的・物流・ソリューション」「顧客志向・サービス・イノベーション」「ダイナミック・パラダイム・シフト」「スマート・インフォメーション・コンシェルジュ」……。思いつくままに言葉を並べてみましたが、一見「それらしく」見えます。多くの資料を見ていると「本質が言い表せておらず何となく使っている言葉」にたびたび出く

わします。「インテリジェントってどういう意味ですか？」と問うと、端的に答えられないのです。本質を表す言葉を選ぶこと、選んだ言葉の意味を再定義していくことが本質の追求です。

② **勇気がない**

　勇気がないため、単純にできない、明快に言い切れない場合があります。典型的なのはグラフなどデータを提示してあるスライドのメッセージに「以下の通りである」と書くことです。これは意思決定どころか、データの解釈を相手に委ねています。明快に言う以前にメッセージの核となる主張がありません。

　また、大規模な提案などでは、多くの利害関係者がいるため、意見の調整や余分な情報を削ることができず、メッセージが複雑になりがちです。勇気を持って削ることができないのです。メッセージを伝えるということは、こうすべきと言い切ること、つまり右か左かポジションをとるということです。勇気がない人にはできません。

③ **正確に全てを伝えることが良いことだと考えている**

　専門性が高い技術系の人に見られる傾向ですが、間違いがあってはいけない、全てを伝えなくてはいけないと考え、複雑になってしまうケースです。正確で網羅的であることが良いと考えがちですが、正確で網羅的な情報が判断や意思決定に役立たなければその価値はありません。

④ **単純明快にしたくない**

　自分のやっていることが高尚で難解なため、簡単に言うことなどできないと考えていたり、平易な表現が幼稚に思え、プライドが許さないというケースです。平易な言葉で置き換えるのが単純明快ではありません。的確さと優先順位が分かることが単純明快なのです。難解な表現で相手を煙に巻きたいと考えているのなら話は別ですが、インパ

クトを与えて行動してもらうことが目的ならば、難解なことを優先順位が伝わる表現に練り上げる努力が必要です。メッセージを単純明快にするには、次のような方法があります。

› **優先順位をつける**「××ではない。○○である」

　単純明快とは「一言で意図が伝わる」ことだと第1章で述べましたが、意図を伝えるために最も重要なことは優先順位を明確にすることです。優先順位というと重要な順に並べることだと思われるかもしれませんが、インパクトを出すには更に突き詰めて、「××ではない。○○である」という、捨てるもの、すべきではないことが見えるところまで最優先するものを打ち出しましょう。

　『踊る大捜査線』というドラマシリーズは一貫して官僚的な警察上層部と現場捜査員の対立構造をテーマとして描いていますが、主役の青島刑事の名セリフ「事件は会議室で起きてるんじゃない。現場で起き

図13 踊る大捜査線式スローガンの作り方

	ではない。		である

我々が売るのは

金融商品	ではない。	安心	である

欲しい人材は

マネージャー	ではない。	リーダー	である
できるから教える	(の)ではない。	教えるからできるようになる	(の)だ

てるんだ！」は、とてもインパクトがあり、記憶に残るメッセージです。この表現でメッセージを考えると、曖昧さがなくなり、捨てるものと最も大切なことが鮮明なコントラストとして浮かび上がってくるのです。色でいうと濁りをなくし、彩度を上げてビビッドカラーにするということになります。表現自体にもインパクトがあるので、そのまま企画テーマのタイトルやスローガンとしても使うことも可能です。いくつか例をあげましょう。

- 「我々が売るのは金融商品ではなく、安心である」
- 「できるから教えるのではない。教えるからできるようになる」
- 「マネージャーは不要だ。我々が求めているのはリーダーだ」
- 「利益とは追うものにあらず。たゆまぬ顧客満足の追求についてくるものである」

単に、「○○である」だけよりも、強いメッセージになってくるはずです。それは、「××ではない」という捨てるものがコントラストを際立たせるからです。是非勇気を出してこの表現でメッセージを考えてみてください。

› ゴールを断言する 「目指すのは……」

勇気がいることですが、いつまでに何をどうするのかを明確にします。ある業界では「期限や達成基準を明言してしまったら、成功か失敗か白黒ついてしまうので『〜までに検討する』という表現にする」というカルチャーだと聞いたことがあります。このようにあえて白黒をはっきりさせないという場合は別として、ゴールや達成基準を明確にするのが最も読み違えがなく、インパクトがあります。

留意する点は、行動そのものではなく、達成された状態を示すということです。「〜をします」ではなく、「○○という状態を実現しま

す」と言うことです。有名なケネディ米大統領が国家目標として掲げたのは、「我が国は60年代の終わりまでに人類を月に着陸させ、無事に帰還させる」というものですが、「我が国の最高の技術を集結し革新的な宇宙開発を推進します」だったら、本当に実現したかどうかは疑問です。後者に似たメッセージはよく目にしますが、インパクトが強いとはいえないでしょう。ケネディ大統領が、国民にありありと目に浮かぶ目標、すなわち最終到達地点を掲げたから、国民は賛同し、技術者も必死で開発を進め、結果イノベーションが起こったのです。ありありと状態が目に浮かぶゴールは多くの関係者の気持ちを束ね、鼓舞するものなのです。

› **比喩や置き換えを使う**「たとえるなら……」「すなわち……」

良い比喩は、単純には表現しにくいことを既に相手の頭の中にある知識を使って想像させ、理解させます。特に複雑な概念を単純明快に伝えたいときに効果を発揮します。

図14 比喩の例

ビジネスゲームは野球型からサッカー型へ

- ルールや用具が詳細に規定されている
- 攻守交代
- 与えられた打順・守備範囲の中で力を発揮することが求められる

- 規定されたルールや用具が少ない
- 攻守可変
- ポジションがあっても流動的で状況判断が求められる

私がよく使う比喩は、スポーツです。組織論や人材像などを語る際には、スポーツはとても便利な比喩です。たとえば「ビジネスゲームは野球型からサッカー型へ」という表現で、これからの組織のあり方、人材に求められる要件をメッセージとして説明しました。

「これからはビジネスのダイナミック性が増し、ゲームのルールがサッカー型へと変わる。サッカーは守備範囲、攻守の順番など野球のようにはっきりしておらず、プレーヤーの動きがダイナミックだ。サッカー型では個人に求められる能力として、現場での判断力が求められるようになり、評価の仕方も変える必要がある。たとえばディフェンダーがゲーム中一度もボールに触らなくてもそれは相手がパスを出せないような良い位置にいたということかもしれないので、単純な数値評価はしにくいからだ……」というような説明をしました。
　これを「これからは個人の判断力が求められ、評価制度も変える必要がある」とだけ言ってもインパクトはないでしょう。

　改革プロジェクトなどは、ビフォー・アフターが明確で、途中のプロセスや予想される苦難がイメージしやすい「ダイエット」を比喩として使うなど、自分のテーマに応じて何にたとえたら分かりやすいのかを日頃から想像しておくとよいでしょう。また良い比喩は創造的でもあります。たとえながら考えていくと、自分のメッセージやアイデアで欠けているものが見えてくることがあるのです。
　私は前著『プロの資料作成力』を書く際に、資料作成に必要なテクニックやスキルを料理にたとえて説明しました。情報収集は食材集め、データ加工は食材の下処理、カラーリングはスパイスの使い方など、ほぼ全てをたとえることができ、アイデアを形にするのにも、伝えるのにも優れた比喩でした。

[比喩表現のタイプ]

- 日常生活行為
  睡眠、料理、食事、風呂、美容、ダイエットなど
- 人
  職業・役割、著名人、歴史上の人物など
- 組織
  スポーツチーム、学校、役所、軍隊など
- 時代
  戦国時代、平安時代、古代ローマ時代など
- 生態系
  植物、宇宙、食物連鎖、身体機能など
- 映画・ドラマ・寓話
  ハリウッド映画、『イソップ物語』、日本の昔話など
- 趣味
  音楽、旅行、釣り、絵画、ゲーム、ガーデニングなど

3回繰り返す「○○、○○、○○」

　最優先することや差異を繰り返してメッセージにします。簡単なテクニックに思えますが、メッセージが強まり、相手の記憶に残りやすくなります。有名なリンカーン米大統領のゲティスバーグ演説での「人民の人民による人民のための政治」がイメージしやすいでしょう。また「最大化・最適化・最小化」というふうに、異なることを3つ言いつつも、語感を統一して繰り返すことで際立たせることもできます。歌のフレーズなどもそうですが、繰り返しはメッセージのインパクトを高めます。

　以上、4つの単純明快化のテクニックをご紹介しました。日本人は穴埋め問題が得意といわれます。以下を埋めることであなたのメッセージを単純明快に表現してみましょう。

> 　一番重要なことは＿＿＿＿＿＿＿ではなく、＿＿＿＿＿＿＿である。
> 　我々が目指すのは、＿＿＿＿＿＿＿＿＿＿＿＿＿という状態である。
> 　たとえるならそれは、＿＿＿＿＿＿＿＿＿＿と言うことができる。
> 　＿＿＿＿＿、＿＿＿＿＿、＿＿＿＿＿と強く心に刻んでもらいたい。

　例として、SNS（ソーシャル・ネットワーキング・サービス：人と人とのつながりやコミュニティの形成を促進・サポートするWebサービスで、Facebookやmixiが有名）を企業内で活用することを提案する企画のメッセージを、この方法で単純明快にしてみましょう。

例：SNS活用提案企画書のメッセージ

　一番重要なことは、<u>組織</u>ではなく、<u>個人が起点となること</u>である。
　我々が目指すのは、<u>個人が発信することを全てオープンにする</u>という状態である。
　たとえるならそれは、<u>メールからの脱却</u>と言うことができる。
　<u>個人を際立たせ</u>、<u>個人がつながることで</u>、<u>個人が価値を生み出す力が強まる</u>と強く心に刻んでもらいたい。

　これらの単純明快にするテクニックを使って作り出したアイデアは全てを表現する必要はありません。最もインパクトが強いもの、的確さが伝わるものを選びましょう。

CHAPTER_2　メッセージを練る

02
意外性を感じさせる

› 意外性の出し方は4タイプ

　メッセージを単純明快にすることができたら、次はその中にある意外性を出していきます。意外性とは発信するメッセージと受信する相手の認識とのコントラスト（ズレ）です。メッセージ自体がどう認識されているか、どのような優位性があるのかを検討するには「SWOT分析」が有効です。SWOT分析とは主に企業戦略立案時に用いられるフレームワークで、内部要因である強み（Strength）、弱み

図15 **メッセージのSWOT分析**

論点注目戦略	知識の隙間戦略
メッセージ自体が強いので、「なぜ今○○なのか？」という背景情報を伝える	メッセージ自体が弱いので、疑問を与えることで興味関心を引っぱる
差異化戦略	再ポジショニング戦略
メッセージに追い風が吹いているので、競合するものよりどれだけ優れているか差異を打ち出す	メッセージに向かい風が吹いているので、「実は○○なんです」と別のポジションを打ち出す

(Weakness)、外部環境要因である機会（Opportunity）、脅威（Threat）の4つの面から評価する手法で、頭文字が名称になっています。戦略立案というと難しそうですが、平たくいうと、メッセージ自体が強いか弱いか、メッセージに対して追い風と向かい風のどちらが吹いているのかを把握しましょう、ということです。

では、それぞれの象限ごとに、どのように意外性を出していくのかを見ていきましょう。

› S メッセージが強い：論点注目戦略 「なぜ今○○なのか？」

メッセージ自体に強さや新しさがある場合には、それだけで意外性を与えるため、あえて意外性をひねり出す必要はありません。ただし、相手によっては、そのテーマを認知していない、つまり受容性が整っていないことがあります。その場合には、相手が考えているよりもこのテーマが重要であることを意外性として打ち出します。「なぜ今○○なのか？」という背景情報を提示します。

背景情報とは、たとえば統計データなどです。本書はインパクトをテーマにしていますが、なぜ今インパクトを強めなくてはいけないかという背景情報をあげるとすると、「世の中に存在して目にすることのできる情報の量が10年前の約532倍になった」ということがあげられます。このデータを使うと「世の中の情報量は10年で約530倍！この情報の洪水の中であなたのメッセージにインパクトはありますか？」というメッセージが浮かびます。「インパクトは自分が思っているよりもっと必要なんだ」と認知感覚のコントラストが生まれて必要性を際立たせます。

› W メッセージが弱い：知識の隙間戦略
「知ってますか？　本当は……なんです」

最も苦しいケースです。コンプライアンス（法令順守）研修や学校

の授業、寄付の募集などなかなか積極的に興味を持ってもらいにくいものに加え、非常に熾烈な競争環境で競争優位性があまりない場合もこれに含まれます。この場合には伝え方や表現で意外性を出していくしかありません。

　方法は2つあります。
　1つ目は、質問と回答形式です。これは知識の隙間があることを刺激していく方法です。普通に「AはBです」と伝えられたら興味が湧かないところを、「Aとは何でしょうか？」と質問されると、相手は知らないことに対して興味が湧いてくるのです。質問によって意図的に知識の隙間を作って、回答を提示するとその答えが価値のあるものに感じられてきます。テレビ番組でも「あなたの健康を阻む意外なものの正体とは!?」という疑問が提示されるとCMが間に入っても見続けてしまいますよね？　そのテクニックです。

　2つ目は、唐突なイントロと外しの展開で伝えていく方法です。端的な例としてご紹介したいのが、『かわいいコックさん』という絵描き歌です。この絵描き歌は「棒が一本あったとさ」という唐突な始まり方をします。次に「葉っぱかな？　葉っぱじゃないよ、カエルだよ」と次々と予測を外して展開していき、最後にできあがるのは「かわいいコックさん」という特に意味のない絵です。何も言わずにコックさんの絵を描いたら子供でさえ喜ぶかどうか定かではありません。
　ビジネスシーンでの活用をあげるならば、たとえば調査報告をする際にいきなり「まずこれをご覧ください」と現場の画像を見せて「何だと思いますか？」と始め、「我々はこの現状に対して、○○ではないかという仮説を持ちました」と続け、「ところがその仮説は真ではありませんでした。着目すべき点は実はこちらです」と予想を外しながら進めていくというやり方が考えられます。伝え方で意外性を出すのは姑息に思われるかもしれませんが、相手の興味をどう引いていく

図16 唐突なイントロがインパクトに

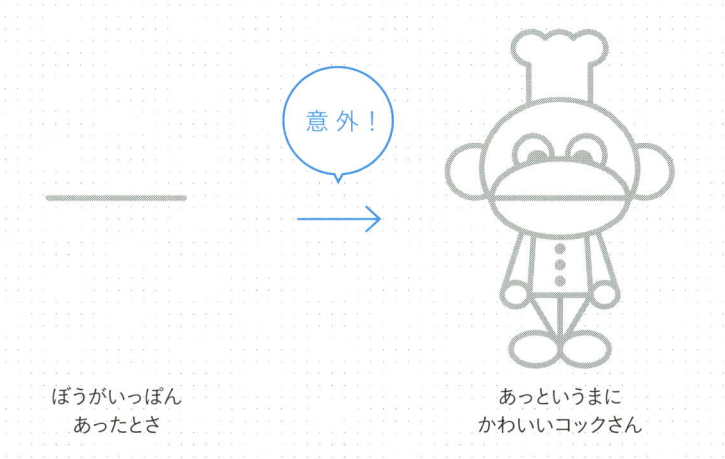

意外！

ぼうがいっぽん　　　　　　あっというまに
あったとさ　　　　　　　　かわいいコックさん

かを考えるのは、相手の記憶にとどめるためには必須のテクニックであり、インパクトレベルを全体的に高めることにもつながります。

　単純明快にすること、メッセージが置かれている状況に応じて意外性の戦略を練ることは、インパクトを強める本質的アプローチです。「3回唱えるとしたら何て言う？」「A部長は何を聞いたら驚くかな？」という議論を「発散」気味にすることをおすすめします。私は多少悪ノリかな、と思うくらいにプロジェクトのメンバーと楽しく議論を重ねたあと、「これだ！」と思うメッセージが出てくることが何度もありました。楽しく、真剣に本質を浮かび上がらせましょう。

› O 追い風：差異化戦略「どれくらい○○よりすごいか」

　追い風環境とは誰もメッセージそのものには反対を唱えない総論賛成という状況です。たとえば提案コンペなどはお客様側も改革をすること自体は決めているのでメッセージの方向性自体には異を唱えませ

ん。この環境では競合との差異に意外性を出していくことがコンペの勝敗を左右します。商品・サービスであれば、QCD（Quality：品質、Cost：価格、Delivery：納期）の観点で、競合より優れていながら、相手に伝わっていないことを洗い出しましょう。

たとえば品質であれば、「一般的に原材料で××を使うところ、この商品は○○を使っている」「百戦錬磨の一流人材をプロジェクトに登用」、納期であれば「翌日配送ではなく、即日配送」という早さや「こだわりの梱包」などの安心感などの差異を洗い出します。

重要なのは競合がやっていないことで、いかにそれが重要なことなのかという認識ギャップを出せるかと、その差異が相手の選択に影響を与えられるかです。違いは競合のことを研究しないと分かりません。一見、自分の商品・サービスと差異がないと思われたとしても、競合の研究をすることで差異が見えてくることが往々にしてあります。その差異を見出すこと自体が自分たちの強みを更に際立たせることにつながります。

↑ 向かい風：再ポジショニング戦略「実は○○なんです」

世間や会社の風潮として優先順位を下げられてしまっているとき、つまり向かい風の状況で意外性を打ち出していくためには、置かれているポジションを再定義します。再定義とは「××と思われているかもしれませんが、実は○○なんです」と相手が抱いているであろう第一印象を裏切ることです。

第1章であげた松山バレエ団の例は再ポジショニングで意外性を出しています。バレエは、欧州やロシアと比べると日本では支援環境が整っているわけではありませんし、エンターテインメントという意味でも激しい競争環境です。バレエという枠を超えて、より広い舞台芸術という市場のそれも「前座」としてポジションを再定義しています。

私は人材育成が専門領域ですが、人材育成や研修は経済不況という向かい風状況ではどの企業でも、コスト削減対象と見なされます。

　この場合の再ポジショニングにはいくつかやり方があります。まず大きな再ポジショニングとしては、「コストではなく、投資です」というものです。コストは利益を削るもの、投資は利益を生み出すものですから、利益を生み出すものであると訴求するわけです。それでも動かない場合には、小さい再ポジショニングとして、「これは研修ではなく、プロモーション施策です」として打ち出すことによって、研修や人材育成につきまとう「余裕があったらやるもの」というイメージと異なる意外性を出すようにします。

　向かい風を吹かせている相手も、性格が悪いからそうしているわけではありません。相手にもとらなくてはならないポジションがあるのです。真っ向勝負だとつい感情的になりがちですので、向かい風をするりとかわす意外性を考えることをゲーム感覚で楽しみましょう。

図17 **ポジションの再定義の例**

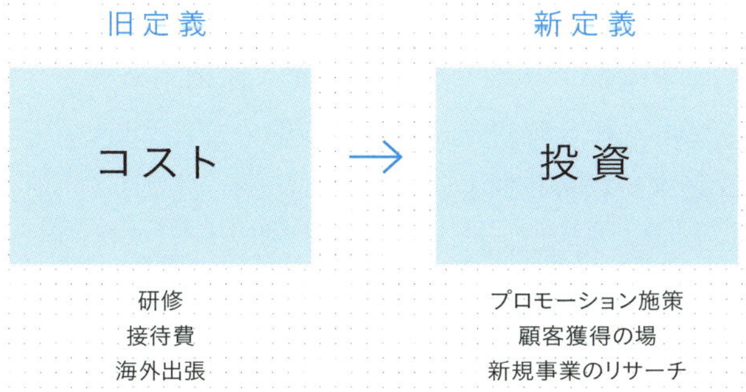

旧定義　　　　　　　　新定義

コスト　→　投資

研修　　　　　　プロモーション施策
接待費　　　　　顧客獲得の場
海外出張　　　　新規事業のリサーチ

CHAPTER_2 メッセージを練る

03
具体的に示す

› 数字にリアリティを与える

　単純明快にし、意外性を出すことによって、記憶に残すステージ1をクリアしたあとは、具体性と信頼性で納得してもらうステージ2です。

　まず具体的に示すテクニックをご紹介します。具体性を出すことは、他の5つよりも比較的簡単に実践できるテクニックですので、是非あなたのアイデアやメッセージの具体性を高めてみてください。

　商品・サービスのスペックや統計情報はそのまま伝えるのではなく、相手の実感できる数値に変換し、コントラスト（差異）を出します。

①時間：コントラストを出しやすい単位に変換する

　1日当たりなど、比較しやすい数値に変換します。1日は24時間、労働時間であれば8時間として、その中のどれくらいの割合なのかは、コントラストが認識しやすい単位です。

例：1年にネット検索に費やす時間は約400時間
　　→　「1日8時間の労働時間のうち1時間も探し物」

②面積・距離：実存スペース・区間や時間に変換する

　面積や距離は体感しにくい数値になりがちです。相手が既知の空間、

図18 「変換」して具体的にする

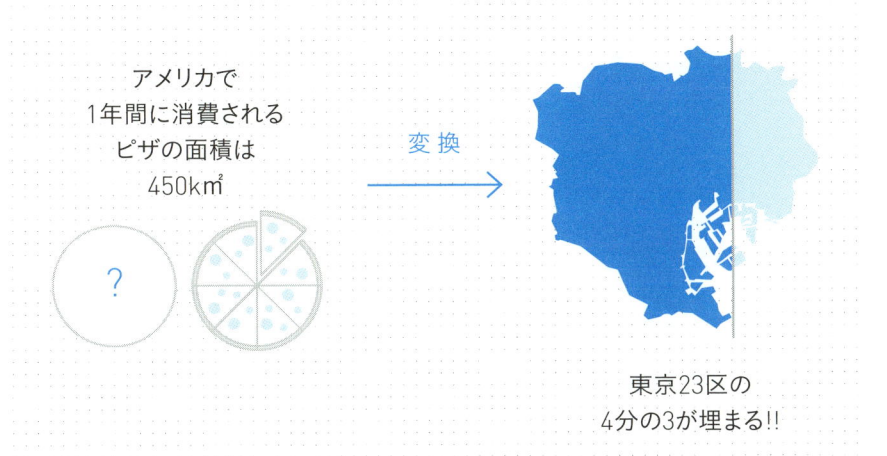

アメリカで
1年間に消費される
ピザの面積は
450km²

→ 変換 →

東京23区の
4分の3が埋まる!!

その距離の移動に費やされる時間などに変換します。よく使われるのが「東京ドーム◯個分」ですが、面積を表す場合は4万6755m²が、容積を表す場合は124万m³が東京ドーム1個分に当たります。

距離や面積は新幹線や飛行機の移動で何時間かかるのかという時間の単位にも変換可能です。距離や面積よりも時間のほうが日常的に体感しているので具体性が増します。

例：アメリカで1年間に消費されるピザの面積は450km²
　　→「山手線内7個分」または「東京23区の4分の3」が埋まる
　　　量のピザ

③統計数値：状況をスライドさせて変換する

統計数値は個人的に体感しにくい数値の筆頭です。統計数値は別の状況に数値をスライドさせることで、リアリティをドラマチックに出すことが可能です。

例：社員意識調査の結果→バスケットボールチームの状態に置き換え

〔社員２万人の意識調査の結果〕

組織の目標を明確に理解している　　　　　　　41％
自分の仕事は組織の目標につながっている　　　36％
自分の上司や同僚は信頼できる　　　　　　　　23％

〔バスケットボールチーム５人への置き換え〕
ゴールを理解している　　　　　　　　　　　　２人
自分のポジションととるべき行動を理解している　1.8人
チームや監督を信頼している　　　　　　　　　1.2人

　統計数値は「そんなものか」という他人事の感覚になりがちです。企業や組織は個人としては体感しにくい概念ですので、スポーツチームという体感できる概念への置き換えがリアリティを与えるには有効でしょう。バスケットボールチームの例は、２人がゴールを目指していても、他の３人のメンバーがそれを理解せず、わけの分からない動きをするという具体的なイメージが湧いてきます。

› 特徴を相手の個人メリットに置き換える

　商品やサービスの特徴として、「史上初」「開発に５年かけた」「○○賞受賞」などを訴求ポイントとしてあげられることがありますが、これらの「特徴」は、相手にとってそれがどういう意味を持つのかという点で具体性に欠けています。相手が「史上初では時期尚早かな」「開発に５年？　そんなにかけたら高い商品なのでは？」というように捉えてしまったら、せっかくの特徴が強みではなく、弱みになってしまいます。特徴は「それによって何ができるのか？」という相手のメリットに置き換えましょう。

● 史上初

- →「初めての一体型製品のため、設置場所が半分ですみます」
- 開発に5年かけた
  - →「十分な裏づけをとったので、要望はほぼ含まれています」
- ハイパフォーマンスを実現するデュアルコアプロセッサ搭載
  - →「2つの高性能エンジン搭載CPUで、動画編集とウイルスチェックが同時に可能」
- 次世代型検索アルゴリズムは再現率と適合率で最高水準
  - →「検索精度No.1のお墨付き。ほしい結果を漏らさず、余計な情報もありません」

› 行動を特定する

　たとえば料理本に、「つやが出るまで混ぜる」と書かれていた場合、あまり料理をしたことがない人は具体的に何をすればよいのか分かりません。具体的にいうなら「材料を入れた鍋を中火にかけ、木べらで5分ほど混ぜる。色が黄色に変わったら弱火にして3分ほどつやが出るまで混ぜる」となります。

　このように経験が少ない人には、火加減、道具、時間、動作など詳細な行動を伝える必要があります。この行動を説明する際には人によって分かりやすさが異なります。「何回」「何分」という数値で伝えるのが分かりやすい人と、「黄色になるまで」「軽くなるまで」というイメージで伝えるほうが分かりやすい人がいます。前者は左脳系、後者は右脳系です。相手がどちらのタイプかを見極めて具体化しましょう。

　ビジネス文書には何をするのか具体的に分かりにくい表現が存在しがちです。自分には分かるが相手には通じない専門用語で書いてある場合もありますし、自分でもあまり考えずに「コラボレーションする」など、曖昧な表現にしている場合もあります。

　前者は相手の理解レベルに応じて料理の例のように詳細な行動を提

示すればよいでしょう。後者の場合には、やること自体が曖昧である可能性が高いため、何のために、誰が、いつ、どのように……という５Ｗ１Ｈの定義をしたあとに、伝えるべきことと表現の仕方を決めましょう。

›体験させる

　相手が体験したことのない新しい世界観を具体的に理解してもらうには、言葉を尽くすよりも、まさに「百聞は一見に如かず」を実践します。ビジネスの世界ではデモ画面が有効です。また、無機質に手順として見せるのではなく、できるだけリアルな体験形式にしましょう。

　たとえば、店舗システムの提案なら、店舗システムそのものを説明するのではなく、それを活用して可能になる新しい世界を「ある顧客の１日」という形でドラマ仕立てにします。その店舗の顧客Ａさんが目が覚めてからその店とどのように関わるのかをドラマのように見せるのです。登場人物のプロフィールを「25歳女性。一人暮らし。

図19 　行動を特定すると具体的になる

×
つやが出るまで混ぜる

↓

○
鍋を中火にかけ、
木べらで5分ほど
色が黄色くなるまで
混ぜる

趣味はゴルフ。週末の過ごし方は……」というふうに詳細に設定するとよりリアリティが増します。その登場人物を通して、相手にまだ知らない世界を体験してもらうのです。

　メタボの危機感を体験してもらうには、「あなたの内臓脂肪は何%です」と言うよりも、内臓脂肪と同じ重さのものを持たせると疑似体験することができます。実際に持たせることができないのであれば、イラストや画像などのビジュアルで伝えることもできます。百聞は一見に如かずとするために、頭を柔軟にして色々なアイデアを考えましょう。

　以上、メッセージを具体的にするテクニックをご紹介してきましたが、1つ心がけておくといいことがあります。英語しか分からない人に、何かを伝えるにはどうしたらよいと思いますか？

　一番良いのは相手の言語である英語で話すことに決まっていますが、英語が話せない人が陥りがちなのは、英語しか分からない人に対して「日本語でゆっくり大声で」話してしまうことです。日本語と英語くらいかけ離れていれば、ゆっくり大声で話すことは笑い話に思えますが、IT語、金融語、経営語、法律語など異なる言語は日本語内でも存在し、翻訳せずにそのまま伝えてしまい分かり合えないという事態がよく見られます。

　翻訳が難しいのであれば、絵に描く、実物を見せる……など色々な方法が考えられます。具体性のテクニックとは、異なる言語を話す人に何かを伝えることと同じだと考えてください。

CHAPTER_2 MESSAGE

メッセージを練る

04 信頼性がある

› 信頼性を出す4つの方法

　信頼性を出すには4つの方法があります。①企画や商品・サービスなどメッセージそのものが持つ内在的信頼性、②口コミや専門家のお墨付きなどそのもの以外から得る外在的信頼性、③「この人が言うなら安心」というメッセージ発信者が持つ主体的信頼性、④メッセージを受けとる人が自分で気づく発見型信頼性です。

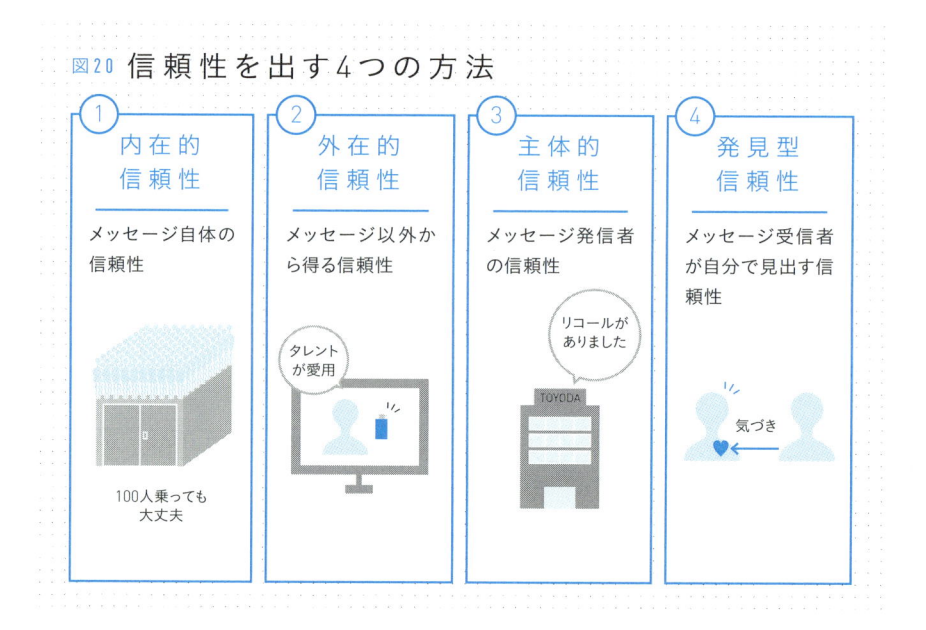

図20 **信頼性を出す4つの方法**

1 内在的信頼性	2 外在的信頼性	3 主体的信頼性	4 発見型信頼性
メッセージ自体の信頼性	メッセージ以外から得る信頼性	メッセージ発信者の信頼性	メッセージ受信者が自分で見出す信頼性
100人乗っても大丈夫	タレントが愛用	リコールがありました／TOYODA	気づき

①内在的信頼性:メッセージ自体の信頼性

　商品・サービスや企画の信頼性を打ち出す方法は3つあります。
　1つ目は第1章でご紹介した「シナトラテストの合格実績を見せる」ことです。その状況に耐えたのなら、どこでも通用するだろう、というものです。導入実績などがない場合には、シナトラテストのニューヨークに相当する環境を自分で作り出すという手があります。過酷なテスト環境でも問題ないということを示すわけです。北極探検隊で使われた実績はまだなくても、北極と同じ環境下でテストをしたところ全く問題がなかったと実証してみせるのです。

　2つ目は「詳細なプロセスを見せる」です。プロセスのディテールがしっかりしていることは強く信頼感を打ち出します。どれくらいこだわりがあるのかを詳細に見せるのです。たとえば、「顧客の声を大切にしている」というメッセージにインパクトを出すためには、顧客を大切にしているプロセスを詳細に説明します。「お客様から寄せられた声は、全てA4の紙に印刷され、弊社の玄関に張り出されます。お客様から解決済みとご了承をいただけないものはずっと張り出されたままです。この仕組みにより部門を超えて社員が一丸となって解決に当たります」という表現は、A4用紙、玄関というディテールが信頼性を打ち出します。A4という大きさは顧客の声に耳を傾ける姿勢、玄関という最も外部の目に触れる場所に張ることはこの会社における顧客の声の重要性を表した本質に関わるディテールであるからこそ、信頼性が出てくるのです。「お客様の声は弊社の品質担当役員が全て目を通します」というディテールだったとした場合、顧客からしたらそのディテールに信頼性を感じません。本質を表す象徴的なディテールを強調しましょう。「神は細部に宿る」です。

　3つ目は「エッジを見せる」です。エッジとは最も尖ったところで

す。たとえばあるスクールが非常に人気があることを示したいのであれば、卒業生何千人という統計数値よりも、「大阪や九州など遠方から受講されている方が毎年増えています」と言うほうが、通学距離を凌駕するほどの人気講座という信頼感が生まれます。同様にそのスクールの多様性を信頼してもらいたければ、「78歳の山田さんも楽しく講義に参加しています」など、最も極端な例をあげましょう。

②外在的信頼性：メッセージ以外から得る信頼性

　①はメッセージや商品・サービスそのものにある信頼性を見せるやり方でしたが、専門家、口コミなどの外部の権威を使って信頼性を高める方法が2つ目です。

専門家
　その領域の専門家のお墨付きは分かりやすい信頼性です。チェーンメールで「気象庁によると……」と書かれていたものがあっという間に拡散されたということがありました。

メディア
　テレビ、新聞、雑誌などメディアへの掲載は、不信感を全て払しょくするほどではありませんが、効きます。

権力
　社長など組織の権力者の後ろ盾を利用するものです。あまりやりすぎると「虎の威を借る狐」になってしまうので、注意が必要です。

好きな人・尊敬する人
　相手が個人的に好意を持っている人や尊敬する人の言うことは信じやすいといえます。ビジネスシーンではドラッカーや日本の

戦後復興時の名経営者、スポーツ界ではイチロー選手などの言葉がよく引用されています。

顧客・ユーザー

昨今では、売る側や企業側は「売りたいからいいことを言っているだけで信頼できない」と思われており、口コミなど売り手との利害関係がない一般の人が権威になっています。口コミのような一般顧客の言葉は、自分に似たプロフィールの人の意見を信じる傾向があることは前述しましたが、辛口のパワーユーザーや有名なブロガーなども大きな影響を与える権威者です。

反権威者

「この人が宗旨替えをするのなら、よほどすごいことなのだろう」と思われる人を探しましょう。たとえば、禁煙グッズの場合には、「死んでもタバコをやめない」と言っていた有名なチェーンスモーカーです。私は改革プロジェクトで意識調査を行う場合には、必ず反対派の筆頭の方を対象者に選んでいました。大勢の一般社員よりも、その人の意識が変わることのほうが改革へのインパクトが大きいからです。

これらの外在的権威からの情報を伝える際には、できるだけ生々しく伝えましょう。私はよく提案書や企画書の品質向上を目指す際に、「誰が何と言っているのか？」をできるだけそのまま載せるよう指導します。生の言葉には、丸めてしまった表現よりももっと真実味があって信頼を勝ちうる情報が隠されていることが多いのです。たとえば研修の良さを伝えるために、受講者の評価を用いる際には、総合評価の点だけではなく、以下のように具体的なコメントとプロフィールを強調します。これにより、単に総合得点95点よりも、信頼性が高まります。

「私が会社に入ってから受けた中で最も有益な研修だった」（営業部主任）
「ケースがとても優れており、実践的だった」（40代マネージャー）
「自分ができていなかったことを知る良い機会だった」（入社2年目男性）

› ③主体的信頼性：メッセージ発信者の信頼性

　メッセージを発信する人が「あの人が言うなら間違いない」という信頼を勝ちとれば、その後の提案はとても通りやすくなるでしょう。そのためには「誠実さ」を訴求することが必要です。そもそも発信者は「売りたいがためにいいことしか言わない」と思われていますから、逆を言って自分にとって不利なことを伝えると誠実だと認識されます。不祥事などが起きた場合に、隠ぺいせずに迅速に公表することで、信頼を勝ちとることができるのは端的な例です。情報が伝わる経路がマスメディアだけであれば、圧力をかけてもみ消すことができたのに、現代はソーシャルメディアが浸透していますので、隠そうとすると炎上などリスクが高まってきました。

　マスコミュニケーションの世界に限らず、提案などでも、「実はこの商品は○○の点でお客様にとってはご不便をおかけするかもしれません」と誠実に自分から伝えておく場合と、相手が自分でその情報を得てしまった場合では、信頼性に大きな差が生じ、後者の信頼性の回復は非常に難しいものになります。
　不利な情報も伝え方次第では武器になると考えて提示の仕方を検討しましょう。

› ④発見型信頼性：メッセージ受信者が自分で見出す信頼性

　疑い深い人はどこにでもいるものです。そういう人には、説得するのではなく自分で納得してもらうのが一番です。「具体的にする」テ

クニックの1つとしてあげた「体験させる」ことも体験を通じてメッセージの信頼性を自分で見出してもらうのに有効です。自分で発見した信頼性が特に意味を持つのは、できているつもりだけどできていないことを認識してもらうケースです。

　研修の例をあげます。ストレスマネジメントの研修で「ストレスと感じることをあげてください」と言うと、

- 上司とうまくいかない
- 満員電車の他人の体臭
- 子供の受験

　と、色々あがります。
　次に「ストレスを解消するためにすることをあげてください」と尋ねると多くの人は、

- 飲む
- 買い物をする
- カラオケで発散する
- 長電話をする

　などこれまた色々とあがってきます。ここで核心に触れます。
「2つのリストを見比べると気づくことはありませんか？　ストレス解消と言いながらストレス自体に働きかけている行動はないですよね？」こう言われると、多くの人ははっとした顔をします。
　最初から「あなたは本当のストレス解消をしていません」というメッセージを言っても信頼されませんが、相手が自分で実証したのですから信じます。
　同様に、けなし言葉とほめ言葉のリストを作ってもらうことによっ

て「ほめることはけなすことの10倍難しい」ということを発見してもらったり、「今週分かりにくいと言われた回数と分かりにくいと思った回数」をあげてもらうことで、自分の説明は分かりにくいと思われている可能性が極めて高いということを実感してもらったりするのです。研修はこれから学ぶことの重要性を受講生が腹落ちしていないと学習効果が出ませんので、発見型で信頼性を獲得することが向いています。

　実際に商品やサービスを体験させて効果を実感させるのも1つの方法です。疑ぐり深い人は他人が言っても耳を貸しませんが、ひとたび自分で効果を実感すると非常に強力な支持者になります。

　納得を勝ちとるステージ2は言い換えれば、相手との対話のステージです。相手目線へのシフトが最も求められます。相手のことを考えない限り、リアリティも信頼感も与えられません。
　具体性と信頼性を検討する際には、メッセージを伝える相手、顧客、上司などをできる限り、リアルに感じてください。自分が感じる相手のリアリティが鮮明になるほど、相手があなたのメッセージに感じるリアリティと信頼感もまた鮮明になるでしょう。

CHAPTER_2 メッセージを練る

05
感情に訴求する

› 感情の種類

　いよいよ最終ステージです。ここでは、感情訴求と物語性を武器として、相手の心を動かし、行動につなげていきます。まず、感情訴求ですが、むやみに情緒的な表現をするわけではありません。そのような表現がすぎると逆に相手を白けさせることにもつながる危険性があります。情熱は胸に秘めつつ、メカニズムを理解した「左脳的」アプローチで相手の感情（右脳）を刺激していきます。

　人は感情と欲望が生まれることによって行動を起こすという因果関係が基本にあります。「感情」と「欲望」をそれぞれ正しく理解し刺激することが、求める行動を相手にとってもらうためには必要になってきます。

　人が抱く感情とはどのようなものがあるのでしょうか？　考えてみれば、ほんの些細なことで、嬉しくなったり、悲しくなったり、怒りを感じたり、微妙に動くのが人の心です。人間は"利害によって動く"という面と"利害だけでは動かない"という２つの面を持っています。何かを依頼しに来た人の態度にどこか横柄なところがあったり、高飛車なところが感じられたりすると、それが自分にとってどんなに得になる話であっても、断ってしまうことがあります。反対に、たとえ自分にとって負担がかかり、損になることでも、頼む人の態度が非常に誠意あふれるものであったなら、ついつい引き受けてしまうこと

図21 感情分類

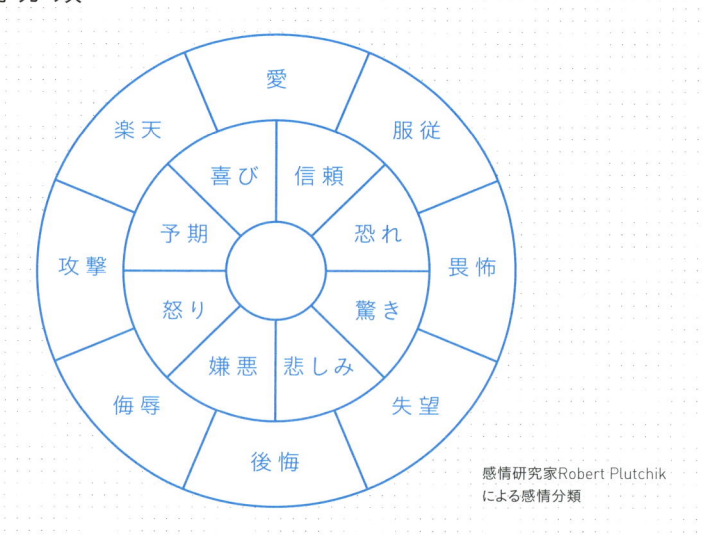

（中心から外へ）
- 喜び／信頼／恐れ／驚き／悲しみ／嫌悪／怒り／予期
- 愛／服従／畏怖／失望／後悔／侮辱／攻撃／楽天

感情研究家Robert Plutchik
による感情分類

もあります。感情について学ぶことはとても意味があります。

　人が持つ感情にどのようなものがあるのかを知るために、感情研究家ロバート・プルチックによる感情分類をご紹介したいと思います。8つの基本感情とそれらのうち2つが混ざり合った8つの混合感情からなっています。

　まず、基本感情は、それぞれ対になった組み合わせで、喜びと悲しみ、信頼と嫌悪、恐れと怒り、予期と驚きという8つの感情です。
　喜びへの訴求の方法としては、どれだけ良いことがあるのかというメリットの訴求ですので本章の具体性の項の「特徴を相手の個人メリットに置き換える」（90ページ）を参照してください。悲しみへの感情訴求は社会活動などで悲惨な現状を生々しく訴求していくという例が典型的でしょう。信頼も本章の信頼性の項（60ページ）で述べた通り、ビジネスでは信頼という感情はベースラインとして必要な感

情です。嫌悪感情への訴求は「ああはなりたくない」という気持ちを抱かせることです。嫌悪感が更に自分の身にかかることとして強まると、恐れという感情になります。恐れという感情に訴求した商品は、保険や健康食品などが典型的でしょう。

余談ですが、私は『スターウォーズ』シリーズの大ファンなのですが、「恐れはフォースの暗黒面につながる」というヨーダの有名なセリフがあります。恐れというものがいかに克服しにくい感情であるかが分かります。怒りの感情は、ビジネス上では対ヒトの怒りというよりも、対コトとして、あるべき姿とのギャップに対して、怒りを感じるよう訴求したほうがよいでしょう。予期はいわゆる「想定通り」ですので、インパクトを追求する本書ではあまり訴求することはありませんが、変化を好まない人や企業ではある意味安心感につながる感情訴求ともいえます。驚きは意外性の項（52ページ）で述べましたが、インパクトを与えるには不可欠な感情の1つでしょう。

次に8つの混合感情を見ていきましょう。2つの感情が混ざり合っていますので、徐々に複雑になっていきます。極端な2つのケースで、それぞれ4つの混合感情にどう訴求するかという例で説明します。

戦争で国民感情をあおる感情訴求

- 愛（信頼と喜びの混合感情）
  愛国心を抱かせる。国民であることに誇りを持たせる。
- 侮辱（怒りと嫌悪の混合感情）
  敵国が自国に対してしたことをあげ、怒りと敵国への嫌悪感を増幅させる。
- 攻撃（予期と怒りの混合感情）
  敵国が更にしそうなことをあげ、「そんなことをさせてなるものか」と攻撃心をあおる。

- 楽天（予期と喜びの混合感情）

勝利の予測を打ち出し、勝った暁（あかつき）の自国の繁栄を訴求。

何だか、不穏な空気が漂ってきてしまいました。次の例を見てみましょう。

新興宗教の洗脳
- 失望（悲しみと驚きの混合感情）

「世界が破滅してしまうなんて、ありえない。どうしたらよいのか」
- 後悔（嫌悪と悲しみの混合感情）

「私はこんな罪深い存在だ。悔い改めなくては……」
- 畏怖（驚きと恐れの混合感情）

「全て見抜かれている。この方は超越した存在だ」
- 服従（恐れと信頼の混合感情）

「この方には逆らえない。私を救ってくださるに違いない」

また、不穏な空気が漂ってしまいました。いたずらに例をあげたわけではなく、感情訴求はロジック以上にインパクトがあるということをお伝えしたかったのです。一度洗脳されてしまうと、なかなか異を唱えることもできません。感情をコントロールできたら大きなインパクトが与えられますが、くれぐれも悪用しないでください。

›感情を刺激する方法　想像と想起

感情にはどんな種類があるのかを説明してきましたが、では、どうやって感情を動かすのでしょうか？　感情を刺激する方法は大きく2つあります。直接的刺激と間接的刺激です。

直接的刺激とは、たとえば相手を喜ばせたいならば、ものを与えたり、スキンシップをしたりすること、怖がらせたいなら、脅しや暴力など、直接刺激する行為をとることです。これはビジネスシーンでは

あまり活用することが少ないと思いますので、本書では割愛します。

　では、もう1つの間接的刺激を見ていきます。
　さて、あなたは「悲しい気持ちになってください」と言われたらどうしますか？　「急にそんなこと言われても……」と思った方と悲しい気持ちになれた方がいると思います。悲しい気持ちになれた方は具体的には何をしましたか？　恐らく、過去にあった悲しいことを思い出したり、もし自分の大切な人がいなくなったら……というふうに悲しいことを考えたりした人が多いと思います。つまり、感情をコントロールするには、何かを考えたわけです。すなわち、「思考によって感情はコントロールされる」ということです。
　感情をコントロールする思考には、2つのパターンがあります。それは「想像と想起」です。「想像」とはまだ体験していないことを考えること、「想起」は過去に体験したことを思い出すことです。未来や過去を考えさせることによって、感情をコントロールするのです。

　まず想像させるには「考えてみてください」という枕詞をつけるのが有効です。

- 「考えてみてください。自宅にこのオーディオセットがあるとしたら、あなたはどんな休日を過ごしますか？」（喜びの想像）
- 「考えてみてください。あなたのお子さんが貧しくて学校に通えないとしたら」（悲しみの想像）
- 「考えてみてください。朝、オフィスに来たら、もう書類の山はどこにもないのです」（楽天の想像）
- 「考えてみてください。ある日突然、病気を宣告されたとしたら、何をしておけばよかったと思うでしょうか？」（後悔の想像）
- 「考えてみてください。○○社で起きたような情報漏えいが自社で起こってしまったとしたら、あなたはどうなるのでしょうか？」

(恐怖の想像)
- 「考えてみてください。このままいったら社長は何とおっしゃるでしょうか？」(服従の想像)

　重要なのは文字通り、「想像を膨らませる」ことです。相手が自分で考えることが重要なのです。「こうしましょう」と押しつけられるよりも、自分で想像したほうが、感情も自動的に高まっていきます。

　想像と同様に、想起は「思い出してみてください」という形で、「輝いていたあの頃を」「あの悔しさを」「あの恐怖を」など過去を考えさせることで、感情をコントロールしていきます。また、想起は、問いかけだけではなくて、過去の体験や感情と結びついた刺激でも働き始めます。画像や音楽、色、香りなどは過去や関連づけられた物事によって、そのときの感情がありありと蘇ってきた経験があると思います。私が数日間のリーダーシップ研修でとる方法としては、研修の数日間をスライドショーとして、最後に参加者に見せるというものです。ポイントは、「感動的な曲、生々しいセリフ、表情豊かな顔」です。

　具体的に説明します。音楽というものは、人の体験と結びついていることが多く、楽しかった時代の思い出や苦しみながらもチャレンジしたときの気持ちを走馬灯のように蘇らせます。受講者の年代に合わせて感動的な曲を選定します。象徴的なセリフとは「本気でやってられんと思った」「俺たちがやらなくて、誰がやるんだ！」「こんなに自分の弱みが強みと感じられたことは初めてだった」「俺たち、結構悪くないよね」など、研修中の要所要所で受講者の名セリフを控えておいてスライドショーのアニメーションで見せます。画像は、研修中の風景を撮影しておき、笑顔、悔しがっている顔、真剣な顔など表情が豊かなものをセリフと併せてスライドショーに編集していきます。この方法は、愛（信頼と喜び）や楽天（予期と喜び）の感情を想起させ、

学んだことを実践してみようという気持ちにさせるのに効果があります。研修に限らず、プロジェクト報告会や、社員へ企業文化を浸透させるプレゼンテーションなどでも同様のテクニックは使えます。

まず、どのような感情に訴求したいのかを定めて、想像と想起とどのようなテクニックを使うのかを考えてみましょう。

欲求の種類

感情と同様に押さえておくべきものは「欲求」です。人は欲求に突き動かされて動きますので、欲求とは何かを理解し、訴求の仕方を知ると最後の一押しがより効果的になるでしょう。ここでは、有名なマズローの欲求5段階ピラミッドで欲求を理解しましょう。

マズローのピラミッドでは、人間の欲求は5段階のピラミッドのように構成されています。まず、第1段階の「生理的欲求」は、生きていくための基本的・本能的な欲求（食べたい、寝たいなど）です。第2段階の「安全の欲求」は安全・安心な暮らしがしたい（雨風をしの

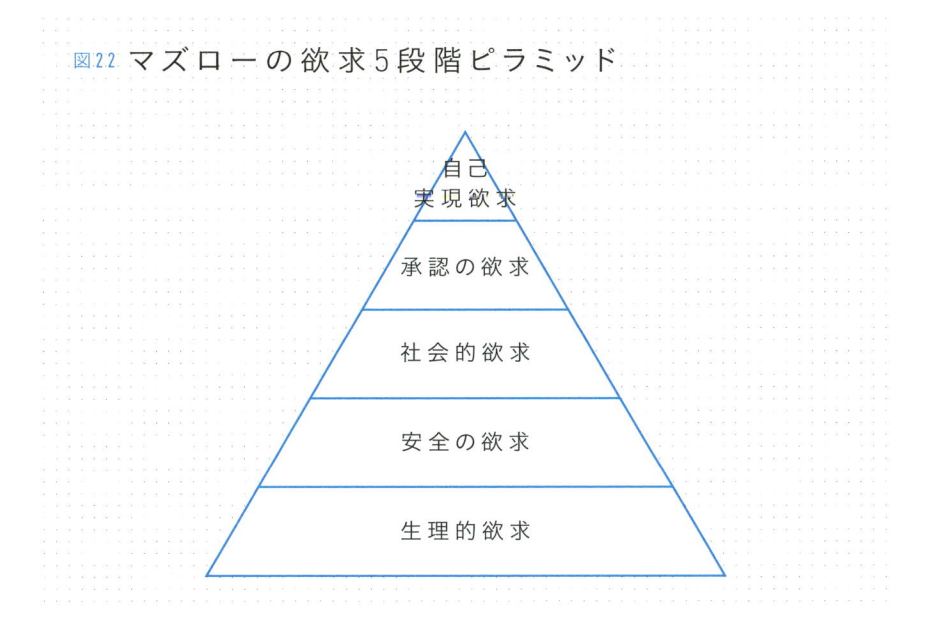

図2.2 マズローの欲求5段階ピラミッド

- 自己実現欲求
- 承認の欲求
- 社会的欲求
- 安全の欲求
- 生理的欲求

ぐ家・健康など）という欲です。第3段階の「社会的欲求」は集団への所属や仲間を求める欲求です。この欲求が満たされないとき、人は孤独感や社会的不安を感じやすくなります。ここまでの欲求は、外的に満たされたいという思いから出てくる欲求です。

　そして次に第4段階の「承認の欲求」は他者から認められたい、尊敬されたいという欲求です。ここからは外的な「モノ」ではなく、内的な「心」を満たしたいという欲求で、最終段階の欲求「自己実現欲求」は自分の能力を引き出し創造的活動がしたいという欲です。

　個人の欲求を食べることにたとえると、以下のようになります。

第1段階…生理的欲求　「とにかく空腹が収まればいい」
第2段階…安全の欲求　「健康的な食べ物が食べたい」
第3段階…社会的欲求　「みんなと同じものが食べたい」
第4段階…承認の欲求　「みんなに尊敬されるものが食べたい」
第5段階…自己実現欲求　「自分が納得するものが食べたい」

　次に、企業の欲求を5段階で見てみましょう。

第1段階…生理的欲求　「とにかく儲けたい」
第2段階…安全の欲求　「存続したい。倒産したくない」
第3段階…社会的欲求　「社会や業界の仲間として認められたい」
第4段階…承認の欲求　「超一流企業として尊敬されたい」
第5段階…自己実現欲求　「国家・社会の役に立ちたい」

　欲求の刺激の仕方は、感情と同様、想像と想起です。低次の欲求は、恐れや嫌悪の感情を想起させることによって刺激されます。高次の欲求は喜びや信頼、愛の感情を想像させることによって刺激されます。感情を刺激し、欲求を起こし、行動につなげる、という一連のメカニズムを理解し、左脳を使って相手の右脳に訴求していきましょう。

自己実現欲求をくすぐろう

マズローの説では、低次の欲求が満たされると、次の段階の欲求をほっするというものですが、必ずしも下位層が満たされないと上位を目指さないわけではないという点に注意が必要です。「はじめに」でも触れましたが、キャリアアナリスト、ダニエル・ピンクのモチベーションに関するプレゼンによると、「ニンジンや報酬をぶら下げてやる気を出させる方法は、同じことを効率よくこなす20世紀型のビジネスではうまく機能したが、問題が複雑化し課題自体が何だか分かりにくくなった21世紀型ビジネスでは、逆に機能しにくい」そうです。

ニンジンや報酬というのは、第1段階の欲求を刺激するものの象徴です。欲求の刺激というと見誤りがちなのがこの点なのです。つい提案の訴求ポイントでも利益や効率、価格などをあげてしまいがちですが、実は下位段階の欲求の刺激だけを考えても、相手の心はなかなか動かないのです。数あるメッセージの中から選んでもらうには、より高次の欲求を刺激する必要があります。「これを選んだあなたは社会からこう思われる」「これを選ぶことはあなたの自己実現の夢に沿っている」ということが欲求への訴求としては非常に効きます。損得だけで訴求しようとすると、競合にとって代わられるリスクが高まり、後々更に貪欲に報酬を求められるようになる可能性もあります。より高次の欲求を満たすための意思決定は、意思決定者の志が高まり、その後のトラブルの発生リスクも低くなるというメリットもあります。

私のコンサルタント時代の上司はこの欲求の刺激を理解していました。「○○しろ」と指示を出すのではなく、「我々は最高のコンサルティング集団だよな？　ということは何すればいいか分かるだろう？」と、部下の自尊心や自己実現の欲求を巧妙にくすぐるのです。

CHAPTER_2 メッセージを練る

06
物語で伝える①

›物語は小説家だけのものではない

　感情に訴求するために、「想像と想起」という方法をご紹介しましたが、想像・想起させるための有効な手法が、物語で伝えることです。「別に小説家になる気はないからいいよ」と思う方も多いかもしれません。しかし物語というものがいかに人間にとって大きな存在で、生活の隅々まで浸透しているか、少し振り返ってみるだけで理解できるのではないでしょうか。プレゼンの冒頭に、象徴的な説話を挿入して聴衆の心をつかむ。小さな子供にたとえ話をすることで、伝えたいことをより理解してもらう。更にはとっておきの大ニュースを伝える際に、要点だけを話すのではなく、ストーリー仕立てにして徐々に盛り上げてゆく等々。物語は小説家だけのものではなく、人間ならば誰もが使える手法なのです。

　また、実は物語にはパターンがあります。ハリウッド映画では25パターンがあるそうですが、ビジネスではそんなに必要ありませんのでご安心ください。では、そもそも物語とは何かを理解していきましょう。

›そもそも物語とは？

　物語を理解するために、ここでは反意語として、「論理」と比較していきます。

図2.3 物語と論理

論理		物語
客観的事実 前提とロジック展開 （視野を狭める専門的情報）	特徴	情緒的解釈 状況とエピソード展開 （視野を広げる意外な話）
知識を与える （知識：認識によって 得られた考え）	機能	知恵を呼び覚ます （知恵：本質や道理を 判断する心の働き）
論破 （敗北感・後ろ向き）	最終 到達地点	共感 （高揚感・前向き）

　まず、それぞれの特徴を見ましょう。論理は、客観的事実をその時点での前提を置いて、ロジック展開するのが特徴であり、結果として専門的な情報が多くなります。また視点や考えが飛躍することは、ロジックエラーとして捉えられるため視野が狭くなりがちです。対して、物語は物事や出来事の情緒的解釈を、ある状況を設定して、エピソードを展開することで表現します。状況設定やエピソードの展開はありきたりではなく意外性を抱かせることが多いため、視野が広がります。

　次にそれぞれの機能です。論理の機能は、相手に知識を与えることです。ここでいう知識とは、「認識によって得られた考え」です。情報をどのように認識すべきかをロジカルに伝えて、「こう考えるべきである」という知識として与えます。対して、物語の機能は、相手の中にある知恵を呼び覚まします。知恵とは「物事の本質や道理を判断するときの心の働き」です。人間全てが、人生の過程において何かを経験し、知恵を蓄積してきています。物語はその知恵を思い出させる

機能を持っています。

　最後にそれぞれの最終到達地点です。論理の到達地点は自分の論理で相手の論理を変えさせること、即ち「論破」です。納得されることもあれば、言いくるめられたという敗北感や、言っていることは正しいかもしれないけどやりたくないという後ろ向きな気持ちを相手に抱かせることも多いでしょう。かたや、物語の到達地点は「共感」です。共感とは他人の考えや意見に対して自分も同じように感じ、理解することです。自分の知恵に基づいての判断ですから、気分も高揚し、前向きな気持ちも生じやすいのです。

「単刀直入にメッセージを直接打ち出せばよいのでは？　ビジネスでは、物語なんてまどろっこしくて情緒的なもので相手を間接的に導くよりも、論理で導くほうがずっといいはずだ」と思われる方も多いと思います。私もかつてはそうでした。コンサルタントの典型的な話し方として「ポイントは3つあって、1つ目は……」という話し方がありますが、はっきりいってあまりウケはよくありません。ポイントや結論だけを並べられても他人事のように感じさせてしまうからです。
　あるとき、提案が天才的に上手なコンサルタントが、あるソリューションサービスを説明するのを聞いていたときに、頻繁にエピソードが登場するのに気がつきました。相手の反応を見ると目がキラキラしているのです。通常だったら、鋭い質問なども出てきますが、それも「……という話だとするなら、きっとこういうことだよね？」とお客様が自ら話に乗ってくるのです。そのとき私は、「物語というものは敵を作らないのだ」と悟りました。論理は敵を作りますが、物語は仲間を作ります。これが最も大きい物語の特徴だと私は思っています。

› 物語のメカニズム

　次に知恵を呼び覚ますことができる物語とは、私たちの脳にどう

いった働きかけをするのかを理解しましょう。

『WIRED FOR STORY』(Lisa Cron 著)という脳科学の観点から物語を考え、「読者を惹きつける物語」を創作するにはどうすべきかを論じた書によれば、物語は脳に対して驚くべき働きをします。物語に引き込まれている状態の脳を分析したところ、視覚や聴覚、さらには味覚に至るまで、現実の感覚を司る部分が活性化していたそうです。単に「エスカレーターでふざけると危険です」と言うのではなく、「小学2年生の太郎君は、元気だけどお母さんの注意をあまり聞かない男の子でした。日曜日に太郎君がデパートのエスカレーターでふざけていると……」という物語形式で伝えると、まるで自分も同じ体験をしたように脳が活性化するというのです。エスカレーターでふざけると危険だということが体験から得た知恵として認識されます。このように物語は相手を受け身ではなく、能動的に関わらせることができます。脳に入り込んでいって体験させてしまうとは、まるで脳のハッキングのようです。

また、感情の項(104ページ)で述べた、相手に過去を想起し、未来を想像してもらうという作業は、相手に自分を主人公とした物語を作ってもらうという作業でもあります。私は、かつてコンサルティングプロジェクトのプロジェクトリーダーだったとき、プロジェクトの計画段階でやっていたことは、徹底したシミュレーションでした。数時間もしくは丸1日、一人でプロジェクトの開始前から終了後まで何が起きるのかを徹底して頭の中で考えるのです。プロジェクトプランを眺めながら、開始から終了までを詳細に想像します。お客様やプロジェクトメンバーの顔を思い浮かべながら、ここはハードな1週間になるとか、報告会をどんな雰囲気で迎えるのか、お客様はどんなきつい要求をするだろうか、リスクが現実に起きてしまったときはどう振る舞うのか、などのイメージを頭の中に思い描くのです。本当に胃が痛くなったり、動悸がしたり、気分が高揚することもありました。つ

まり脳は実際にプロジェクトを体験したのと同じ感覚を得ていたのです。このシミュレーションが詳細であればあるほど、実際のプロジェクトは順調に進みました。まさに、有名なナポレオン・ヒルの「思考は現実化する」というメカニズムです。シミュレーションを行ったグループとしていないグループを比較した実験では、シミュレーションをしたグループのほうが、勉強やスポーツ、仕事などどんなテーマでも、明らかに成功する可能性が高かったという研究結果も出ています。相手に自分で描かせる物語も思いの外、インパクトを生み出せるといえます。

物語は、「与えることによって相手の脳をハッキングする」「作らせることによって思考を現実化する」という2つのメカニズムを持っていることがご理解いただけたでしょうか。

物語はなぜ効くのか

物語とは何かが徐々に分かってきたところで、物語の有効性を見てみましょう。

まず1つ目は、複雑な概念の本質に迫ることができるということです。たとえば、「誠実」という基本姿勢を社員に徹底させたい場合、「誠実とは私利私欲をまじえず、真心を持って人や物事に対することである」という客観的事実だけを示しても、その本質はなかなか伝わらないでしょう。しかし、「ある誠実な社員の物語」や「誠実を貫いた創業者の物語」などによれば、その会社における誠実さの本質に迫っていけるのです。物語は複雑な概念の「実演販売」ともいえます。先にあげたエスカレーターの話も、子供に「危険」という概念を言葉だけで理解させるのは難しいことです。自分と近い存在の男の子の物語を通じて、疑似体験させて初めて、子供の行動を変えさせるほどのインパクトにつながります。

2つ目は、物語は苦しみに意味を与えられます。論理はAかBかどちらかの二者択一を迫りますが、現実は、ひどいこともあれば素晴らしいこともある混沌とした世界です。「正しい選択をした。明るい未来が待っている」という論理だけでは、苦しみを味わっている人は否定されたままです。そんなとき物語を示して、「あなたは今、自己成長の物語の中盤に差しかかっています」というメッセージを送ることで、目の前の障害や苦難を意味のある克服すべき課題と捉え、苦痛に耐える犠牲者ではなく、成長していくヒーローとして行動を促すことができます。企業の統廃合、業務改革などは論理的に正しい判断であっても多くの苦痛を伴います。物語は二者択一ではなく、苦しみも意味のあるものとして包含しており、それが苦痛を伴う難しい選択を迫られたときに効果を発揮します。物語は説得ではなく、励ましで意思決定させるのです。

　3つ目は、予測不能と複雑さに対応できることです。情報が猛スピードで渦を巻いている中で、論理的にきれいに割り切ることはとても難しいでしょう。そこで戦略を策定する手法としてシナリオプランニングが用いられるようになってきました。シナリオプランニングとは、起こりうる可能性のある複数の未来（シナリオ）を想定することにより、不確実な環境下で意思決定を行うことを可能にする戦略策定手法のことです。石油大手のロイヤル・ダッチ・シェル社がこの手法を利用し、同社が石油危機を競合他社よりも巧みに切り抜けたことで一躍有名になりました。

　シナリオプランニングでは、「未来を確実に予測することは不可能である」ということを認めた上で、複数の未来シナリオを作成します。このシナリオこそが物語なのです。たとえば、「自律的発展シナリオ」「現状趨勢シナリオ」「環境制約顕在化シナリオ」「危機シナリオ」など複数のシナリオで、どのような振る舞いをするのかを検討しておくことで、急激な変化にも柔軟に対応することが可能となるのです。

メッセージを練る

07 物語で伝える②

› 物語を構成する要素

では、物語の特徴、メカニズム、有効性を理解したので、物語には何が含まれるのかという構成要素を見ていきましょう。物語の構想をプロットと呼びますが、プロットは物語の設計図のようなものです。物語に含まれる要素として、プロットを分解してみましょう。プロットに含まれるものを以下にあげます。

①**状況設定**

状況設定とは、背景となるシチュエーションと登場人物です。「桃太郎」の話でいえば、「昔々あるところにおじいさんとおばあさんが住んでいて、川で拾った桃から生まれた子供を育てていた」というのが、状況設定です。

②**状況変化**

次に、心理や行動を変化させるような状況を不安定にする出来事が必要です。物語を大きく動き出させるきっかけです。「桃太郎」でいえば、「鬼がやって来て村人達を襲うようになった」という出来事です。これによって、主人公の桃太郎が動き出します。

③**向かうべき未来**

最終的にそうなりたいと主人公が望んでいる未来像です。「桃

太郎」では「鬼が退治され、村人達が安心して暮らせる世の中にすることで、育ててもらったおじいさんとおばあさんの恩に報いる」という未来像です。

④ **成長のプロセス**

　未来像を実現するために、どのような経緯を経るのかというもので、旅や成長を促す出来事です。桃太郎はサル・キジ・犬という道で出会った動物達にきび団子を与えて、同盟を組みます。

⑤ **困難な状況の克服**

　物語のクライマックスのところで、悪役や困難な状況をどう克服するかという場所です。鬼は桃太郎と動物達の活躍によって退治されます。

⑥ **読後感**

　読み終えた人に抱いてもらいたい気持ちや感情です。爽快感、憧れの感情、鼓舞された気持ちなどです。読後感も要素の1つとしてプロット（設計図）に含まれます。

　以上、物語に含まれる要素をご紹介しました。このうち重要なのは、登場人物と読後感です。ハリウッド映画や小説のストーリーとビジネスのストーリーとの違いもこの2つに顕著に表れます。

　ハリウッド映画や小説の登場人物は架空の主人公や動物ですが、ビジネスの登場人物は、創業者、経営者、組織内の実在人物、商品・サービス、顧客などになります。組織やお客様に物語を浸透させるには、「誰の物語」なのかが非常に重要です。相手にとって接点がある人物や物事が主人公のほうが、共感度合は高まります。

　またエンターテインメントでは、物語の持つ意味合いの理解などの読後感は相手の解釈に委ねられます。楽しいと感じても、切ないと感

じてもどちらも間違っていません。ビジネスでの物語はエンターテインメントそのものではないので、人によって感じ方が違っては困ります。「こういう行動をとってほしい」「このビジョンに賛同してほしい」という見地から語られているので、どのような読後感を持たせるのかを明確にする必要があるのです。

ビジネスで使う物語は3+1

物語のタイプは映画では25パターンあるといわれているといいましたが、ビジネスシーンで行動を起こしてもらう物語には4つのパターンがあります。

まず1つ目は、「ビジョンストーリー」です。これは事業や企画で実現する世界観を伝える物語です。企画を承認してもらう場合や、投資家に事業投資を依頼する場合、更に範囲が広がれば選挙で国民を説得する国家のビジョンです。コントラストは企画や事業によってもた

図24 4つの物語タイプ

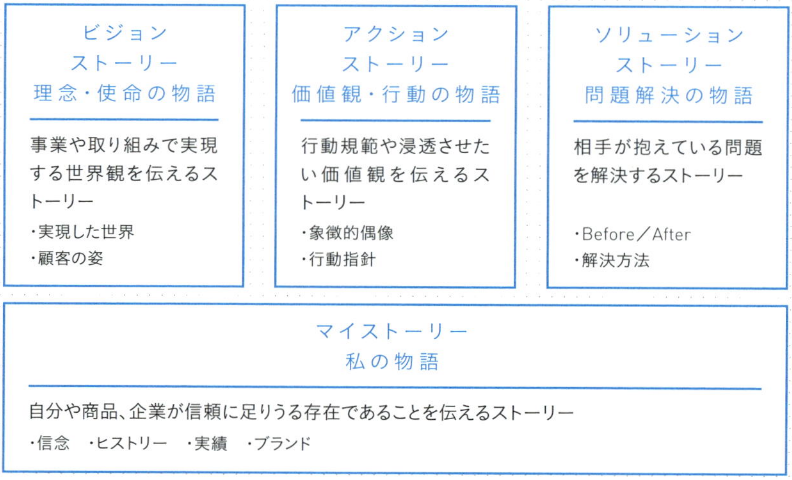

ビジョンストーリー 理念・使命の物語	アクションストーリー 価値観・行動の物語	ソリューションストーリー 問題解決の物語
事業や取り組みで実現する世界観を伝えるストーリー ・実現した世界 ・顧客の姿	行動規範や浸透させたい価値観を伝えるストーリー ・象徴的偶像 ・行動指針	相手が抱えている問題を解決するストーリー ・Before／After ・解決方法

マイストーリー 私の物語
自分や商品、企業が信頼に足りうる存在であることを伝えるストーリー ・信念　・ヒストリー　・実績　・ブランド

らされる明るい未来がどれだけ活き活きとして見えるかで明確になります。

2つ目は「アクションストーリー」。行動規範や浸透させたい価値観などを伝える物語です。マネージャーや経営層の社員向けのプレゼンテーションや研修がこれに当たります。主人公は、それを語るトップ自身の場合もあれば、ある社員を主人公として取り上げて、浸透させたい行動をとらせるというやり方もあります。ポイントは危機感をあおりつつも、やる気をそがないようにすることです。だめな点を強調する物語では人はやる気を持てません。あくまでも「こうありたい」という状態に共感を持たれるようにしてから、そこに至るまでにはあと一歩であることを強調し、行動を促すよう構成します。

3つ目は「ソリューションストーリー」。提案などでお馴染みの問題解決の物語です。ビフォー・アフターにどれだけコントラストが出せるか、特にビフォーへの危機感・嫌悪感をどれだけ訴求できるかがポイントです。また、解決する商品・サービス、または人物をどれだけ魅力的に見せられるかもこの物語の肝になります。特に何度も解決しようとしたけれどできないことの解決策を提示する場合には、解決の仕方がどれだけ説得力があるか、今度はできそうだと信じられる物語かどうかが肝になるでしょう。

4つ目は「マイストーリー」です。これは相手の信頼感がまだ得られていない場合や、商品サービスのロイヤリティを高めるための物語です。提案では売りたいから良いことを言っていると疑われがちです。たとえば「この商品は営利目的ではなく、自社の問題から生まれた」という開発秘話、自分がなぜこの企画や事業を起こそうと考えたかという個人的な思いや失敗体験を語ることで、人間味が加味され、相手に親しみと信頼を感じさせられます。

物語をビジネスで使う方法は2つあります。企画書や報告書の全体を物語仕立てにする方法と、事例やエピソードの形式で挿話として入れ込む方法です。ビジョン、アクション、ソリューションの3つのストーリーは、それぞれ単独で資料全体にわたり活用できます。マイストーリーは、ビジョン、アクション、ソリューションのいずれかを語る際、まだ自分が信頼を得られていないときに、自分を信頼に足りうる存在であると認めてもらうためのストーリーです。単体で使う場合には面接で自分自身を売り込むときなどにメインストーリーとして活用できます。
　では、4つの物語のプロットを見ていきましょう。

›ビジョンストーリーのプロット

①状況設定

　業界や競争環境を端的に設定します。混沌・殺伐・悲惨な状況なのか、一見平穏な状況なのかを明示します。
　主役は企業のビジョンであれば経営者、商品サービスのもたらす新しい世界観のビジョンであれば、利用する顧客が主人公です。また社員など組織内の人を主役とすることも可能です。

②状況変化

　ビジネス環境の変化を書きます。「チェンジドライバー」という言い方をしますが、ここが曖昧だと、「なぜ、今変わらなくてはいけないのか？」という動機づけになりません。特に一見平穏な状況と認識されている場合には、変わる動機づけは大きなインパクトになります。

③向かうべき未来

　実現すべき未来像、企業像を述べます。売上何億円などの業績目標ではなく、社会的・組織的存在意義がはっきりと思い浮かぶような共感される世界観です。

④ **成長のプロセス**

未来の実現に向けて、何をするのかを示します。

⑤ **困難な状況の克服**

未来像の実現に向け、業界慣習や法規制、組織的問題など、最も障害になるものをどうやって克服するのかを示します。

⑥ **読後感**
- 混沌とした現在から脱却できる高揚感
- この未来の実現に向けて支持・協力したいという強い気持ち

スティーブ・ジョブズの数々の新製品発表の際の名スピーチもはこれに当たります。単に新製品を説明するのではなく、新しい世界観を打ち出しているのです。プレゼンテーションの中では、それまでのスマートフォンやPDA（携帯情報端末）を悪役として、それを超越した新世界を実現するヒーローとしてiPhone誕生の物語が、その名も「Appleが電話を再発明した」という名タイトルとともに、色鮮やかに語られています。

› **アクションストーリーのプロット**

① **状況設定**

アクションを起こさせたい相手が今置かれている環境をどう認識しているかを示します。相手も変わらなくてはと思っているのか、特に問題ないと思っているのか、諦めているのか、意気消沈しているのかを推察して設定します。

主役はアクションを起こさせたい相手、その相手に近い存在の人物です。あるいは若き日のあなた自身を主人公として、どう変わったのかを語ることもできます。

②**状況変化**

　行動を変えるきっかけを示します。問題ないと思っている人には、なぜ今のままではいけないのか、諦めている人にはまだ変われる余地があることを強く認識させます。

③**向かうべき未来**

　相手がアクションをとった場合にどのようなメリットを享受できるのか。成功する、成長する、尊敬を勝ち得る、称えられる、などアフターの輝かしい姿を示します。

④**成長のプロセス**

　とってほしい行動、身に着けてほしいスキル、そのために必要な努力などを示します。

⑤**困難な状況の克服**

　アクションに取り組もうとしたときに障害になること（例：意思の弱さ、時間、能力の問題など）をあげ、どう乗り切るかを示します。重い腰を上げさせるための一押しです。

⑥**読後感**

- ビフォーの姿への後悔の気持ち
- アフターの姿への憧れ、チャレンジしたい気持ち

　アクションストーリーの活用シーンとしては、経営者やマネージャーが社員や部下にとってほしい理念・行動を浸透させたいときです。普通に話すと説教じみていたり、業務命令に近かったり、空々しい掛け声だったりして、反発されたり、無視されたりしがちな話を染みわたらせるものです。ただ単に「○○しろ」と言うのではなく、自身の若い頃の失敗体験や、素晴らしい社員の行動を物語ることで、その行動をとった人がどれだけメリットを享受できるのかを納得しても

らうことが肝要です。

ソリューションストーリーのプロット

①状況設定

現在の問題を明示します。「あなたはこんな状況ですね」と問題を認識してあげることで共感を得ます。相手の「ペイン（痛み）」をきちんと捉えましょう。

主役は既にその問題を解決したことのある経験者、または問題を解決したいと思っている相手自身です。

②状況変化

このままでは更に悲惨な状況になってしまうというきっかけ、またはその問題を解決できる素晴らしいヒーロー的存在の商品やサービスが出現します。

③向かうべき未来

問題が解決された「アフター」の姿を活き活きと描きます。更に充実した生活や成果、得られる名声なども描きます。

④成長のプロセス

解決プロセスを描きます。その商品・サービスを通じて、どのように問題を解決するのかを具体的に示します。特に今まで解決したくてもできなかった場合には、このプロセスで「これならできそうだ」と確信を持てるかどうかが肝になります。

⑤困難な状況の克服

アクションに取り組もうとしたときに障害になること（例：金銭・時間の問題、能力・士気の問題など）をあげ、どう乗り切るかを示します。

⑥ 読後感
- ビフォーの姿への嫌悪感、後悔の気持ち
- アフターの姿への憧れ、解決してくれる商品・サービス・人に対する信頼の気持ち

「問題があるのは分かっているけどできない」のか、「問題だとあまり認識していない」のかによって、物語の仕立て方が異なります。前者の場合には解決策つまり、成長のプロセスに具体性と信頼性を持たせることが肝になり、後者の場合には状況設定や状況変化で、なぜ今のままではいけないのか、「恐怖」の感情を起こさせるホラーストーリーの要素も盛り込んでもよいでしょう。

たとえばソリューションの事例を示すときに、「A社に導入実績があります」は単なる情報です。物語として伝えるなら、以下のようになります。

> 昨年、私は貴社とよく似た状況にあるA社のCIO田中氏からある打診を受けました。彼は非常に先見の明のある人で、まだ国内実績のない弊社のソフトウェアがA社の今後の事業展開において効果があるのかを非常に知りたがっていましたが、従業員が新しい業務を習得する際に、生産性が落ちることを危惧していました。私はある支社でトライアル版を導入することを提案しました。田中氏の危惧に反して、従業員の習得は非常に早く、それまで彼の部下にはシステムへのクレームのメールが頻繁だったのに、「このソフトウェアを導入してくれたおかげで、効率が良くなった」という感謝のメールが何通も届くようになり、全社への導入がまもなく決定しました。

この物語には、CIOの葛藤や、システム部宛の感謝メールなど、あと一歩を踏み出すきっかけになるディテールがリアルに描かれていま

す。物語ではこのようなディテールがものをいいます。

マイストーリーのプロット

①状況設定

かつての自分が置かれていた状況をなるべく端的に示します。小説ではないので、冗長にしないようにしましょう。商品の開発秘話などの場合は、商品が生まれる前の状況を示します。

②状況変化

自分が変わるきっかけとなった出来事を示します。学業や仕事の失敗や人間関係の変化などです。

③向かうべき未来

自分が困難を乗り切り、成長した結果、どんな良いことがあったのかを示します。商品の場合には、どれだけ顧客を喜ばせることになったのか、という現在の姿です。

④成長のプロセス

状況変化に際して、自分がとった行動、実践したスキルやノウハウ、得られた経験を示します。商品の場合には、開発過程です。

⑤困難な状況の克服

成長の過程でぶつかった壁を、どう乗り越えたかを示します。

⑥読後感

- 人や商品に対して人間味を感じ、親近感を覚えている
- この人・モノなら大丈夫だという信頼感

マイストーリーは、親近感を感じさせ、信頼を得るための物語です。

たとえば、「外資系コンサルタント」という肩書には、英語まじりの言葉を話し、高いフィーをとる信頼置けない人という思い込みを持たれていることが少なくありません。そのような相手に「私を信じてください」と正面切って言っても信頼を得るのは難しいでしょう。

　私は資料作成やプレゼンテーションの研修講師をしますが、その際に、「私は小学生の頃、授業で当てられると正解が分かっていても発表できないくらい恥ずかしがり屋でした」というところからマイストーリーを始めて、どんな出来事がきっかけとなって今のスキルを身に着けたのかを語ると、受講生の皆さんの私を見る目が変わるのを実感します。自分と同じような悩みを抱えていた人なら信頼できると思っていただけるようです。
　このような信頼関係をベースにすると、その後の講義や提案は非常にスムースに運びます。

> **POINT**
>
> **本章では、メッセージやアイデアのインパクトを高める方法をご説明してきました。図解そのものは最終的な表現手段ですので、この部分がしっかりしていないと、まさに"お絵描き"で終わってしまいます。インパクトを強めるこの過程をきちんと実行すればするほど、図解も「この表現しかない」というピタリと当てはまるものが浮かび上がってきます**

人が意見に反対するときは
だいたいその伝え方が気にくわないときである。
──ニーチェ

CHAPTER_3
―
MECHA-
NISM
―
MESSAGE

STORY

EXPRESSION

CHAPTER_3

ストーリーボードを構成する

CHAPTER_3 ストーリーボードを構成する

01 ストーリーボードとは？

› ストーリーボードは「資料の設計図」

　ここまでで、SUCCESsでメッセージやアイデアを練って、インパクトを強めてきました。単純明快で意外性のあるメインメッセージや、具体的で信頼できる数々のデータや事例、感情訴求性のあるアイデアや物語などが、あなたの手元にはあるはずです。

　第3章では、そのメッセージやデータをどのような順番で伝えるのかを、「ストーリーボード」を作って検討します。ストーリーボードとは、資料の全体像を示したフロー図です。日本語だと絵コンテという言い方をされますが、映画の設計図のようなもので、メッセージを一連の流れに構成し、大まかな表現イメージを固めていきます。メインメッセージとサブメッセージからなるピラミッド構造を作り、その下にストーリー構成、いわゆる資料の章立てを作っていきます。

　メッセージは、いくつかのサブメッセージを合わせると、一番上のメインメッセージをきちんと論拠づけるような構成になります。ここはロジカルシンキングで筋道立てて考えることが必要です。第1章でロジカルなだけではインパクトを与えられないと述べましたが、相手が理解できる論理的構成は最低限の知識として必要です。

　その下のストーリー構成ですが、メインメッセージとサブメッセージからなるピラミッド構造がそのまま資料の構成になるわけではあり

図25 ストーリーボード

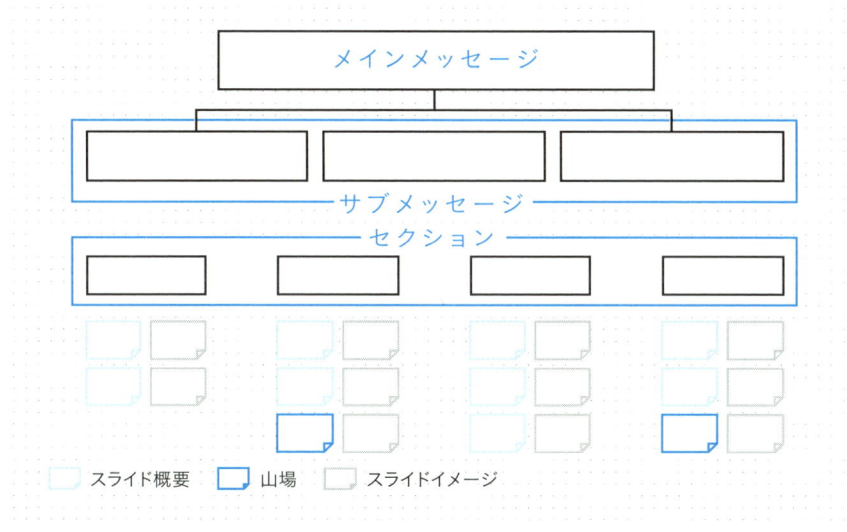

```
                    メインメッセージ
      ┌─────────────┬─────────────┐
      │             │             │
   ─── サブメッセージ ───
   ─── セクション ───
```

□ スライド概要　□ 山場　□ スライドイメージ

ません。メッセージやサブメッセージを相手の理解度や嗜好に合わせて、制限時間内に収めることを意識して構成していきます。全く同じメッセージや情報のピースであっても、並べる順番によっては、相手をイライラさせてしまったり、やる気や信頼感をなくすこともあります。

物語のプロットも、そのまま並べるわけではありません。過去から時系列で話が展開されるものもあれば、現在の話から始まって、過去に遡る展開もあります。相手によっても異なります。背景や現状をよく説明してからメインメッセージにつなげていったほうが納得してもらえる場合と、先に結論を述べた上で、根拠を述べたほうがイライラしないという場合とがあります。

› スライドの要所に「山場」を作る

　　ストーリーボードは、パワーポイントやキーノートなどのスライド

作成のアプリケーションを使うことを想定しており、各スライドのメッセージとイメージの組み合わせで作っていきます。そして、要所に「山場」を設定します。「山場」は、キースライドともいいますが、インパクトが強く特に説明に時間をかけたいところです。メインメッセージやサブメッセージを最も表現しているスライドや注目を集めたいスライドです。

　時間配分も各スライド1分としますが「山場」には5分かけるなどメリハリをつけます。場合によっては、説明をする機会がなく資料だけを渡すというケースもありますし、エレベータートークといい、本当に忙しいエグゼクティブの方をエレベーター前で待ち伏せして「ここだけ見てください」と2、3分で説明する場合もあります。
　したがって「山場」は一見してここが重要だとわかるように念入りにインパクトにこだわって作り込みます。物語における名場面です。
　では、ストーリーボードの作り方を見ていきましょう。

ストーリーボードを構成する

02
メッセージを
ピラミッドにする

ロジカルに組み立てる

　SUCCESsでは、ロジカルシンキングをいったん忘れてメッセージのインパクトを強めてきましたが、相手に伝えるには思いつくままに伝えるわけにはいきません。そこでこれまで出てきたメッセージ、アイデア、データを相手に伝わるようにロジカルに組み立てることになります。

　さて、これまでインパクトの強いメッセージを練ってきましたが、メッセージとはそもそも何でしょうか？　メッセージを因数分解してみると以下のようになります。

メッセージ　＝　主張　×　根拠

別の言い方をするならば、以下のようになります。

「Aだから（根拠）、Bすべきである（主張）」

　インパクトを高めるために様々な検討をしてきましたが、よく見てみると主張は強いが根拠が揃っていない場合や、インパクトの強い根拠となるデータはあるものの、主張との結びつきが今1つ、という場合もあるでしょう。不足している部分も確認しながら、これらをつな

げて、一連のストーリーのピラミッドを作ります。

演習　主張と根拠を並べてみる

　簡単な演習をしてみましょう。右ページの図26に「主張と根拠のピース」があります。これらをピラミッドの形に並べてみてください。

　どのように並べましたか？　まず、友人にお願いしたいことは、「⑦授業のノートを後でコピーさせてほしい」なのでこれがピラミッドの頂点でメインメッセージになることは異論がないと思います。次の層に来るのは、「②単位が必要」だが、次の「①授業を休みたい」ということになるでしょう。ここまでがメインメッセージとサブメッセージになります。次の階層はどのピースのインパクトが強いのかを選定し、次のストーリー構成につなげていきます。

　特に「①授業を休みたい」という主張の根拠らしきものとして、病気に関するピースとバイトに関するピースがありますが、どちらを選ぶのが賢明でしょうか？　この場合、バイトに行く必要があるのは、かなり自分本位ととられがちな根拠ですから、病気、それも「⑧インフルエンザかもしれない」というピースを選定したほうが、「うつったら嫌だな」という恐怖心に訴求するにしても、「困っている友人を助ける優しい自分」という自己実現欲求に訴求するにしてもインパクトがありそうですね。バイトに行かなくてはならないということを含めると、「体調が悪いのにどうしてバイトに行くわけ？」と周りの信頼感を損ねる結果になりそうです。ただし、既に不利な情報が知られているのに言わないのも更に信頼感を損ねます。もし、知られているのならあえて先に言ってしまい、それを上回るインパクトの出し方を考えたほうがよいかもしれません。

　とても簡単な例で説明しましたが、ビジネスでは、当然もっと複雑な主張と根拠が入り混じってきます。よく、システムの仕様変更要求

図26 主張と根拠のピース

① 授業を休みたい
本来出席すべき授業だが休みたい

② 単位が必要
この講座の単位を落とすと卒業が危ない

③ 教科書以外からテストに出る
教授は教科書に書いていないことをテストに出す

④ 体調が悪い
悪寒と頭痛がする

⑤ バイトを休めない
今夜、バイトをどうしても休めない

⑥ 次の授業内容が重要
テスト前の次回の授業がとても重要

⑦ ノートのコピーがほしい
授業のノートを後でコピーさせてほしい

⑧ インフルエンザかもしれない
昨日会った友人がインフルエンザだと言ってた

⑨ バイトのシフトは変えられない
先週、変えてもらったので今回は変えられない

図27 ピラミッド構造にした主張と根拠

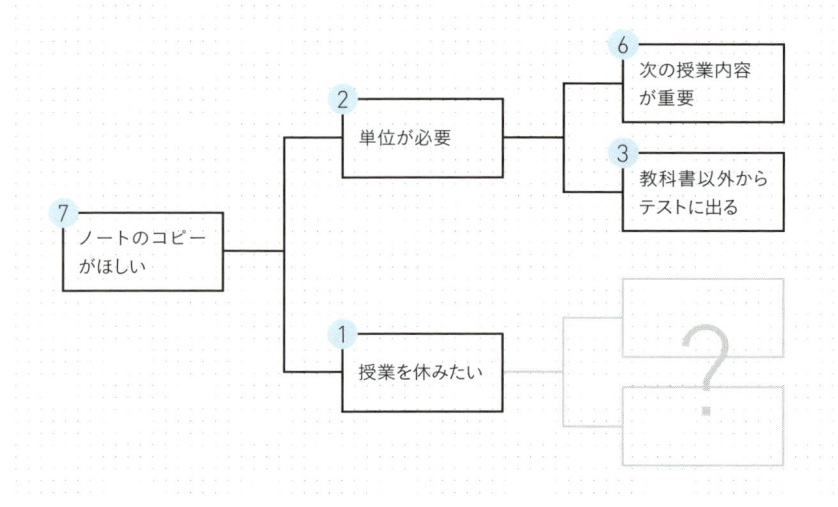

```
                              ┌─ 6 次の授業内容
                  2           │   が重要
              ┌─ 単位が必要 ──┤
              │               └─ 3 教科書以外から
  7           │                   テストに出る
ノートのコピー ─┤
がほしい      │               ┌─ ?
              │    1          │
              └─ 授業を休みたい┤
                              └─ ?
```

　がお客様から出されると、システムエンジニアは「対応できない根拠」をあげて「やらない」という主張をしがちですが、お客様目線になれば「対応しないほうがよい根拠」と「対応しなくても大丈夫な根拠」を主張したほうが、お客様は圧倒的に受け入れやすいといえます。

　肝要なのは、主張と根拠を「相手目線」でピラミッド化するということです。ここを組み間違えるとせっかく高めてきたインパクトの強いアイデアが伝わりにくくなりますので、しっかりと相手目線で組みましょう。

› ピラミッドの作り方——縦方向

　ピラミッドの作り方を説明します。まず縦方向ですが、主張に対して、根拠を展開していきます。主張に対して、「Why so? = なぜそう言えるのか？」の問いに答えていきます。また、下から上に、根拠となる情報に対して、「So what? = それで何が言えるの？」ということを検証しながら構成していきます。「Why so？／So what？」を繰り

図28 縦方向の作り方

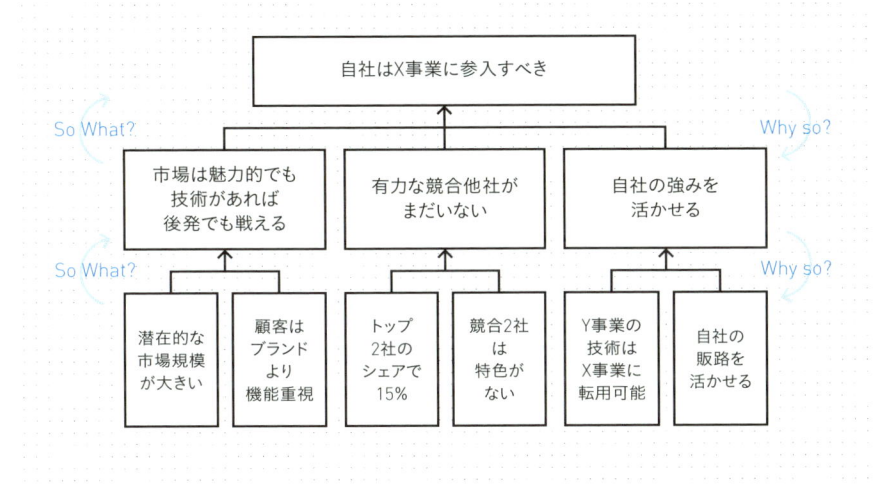

```
                      自社はX事業に参入すべき
                              ↑
So What? ←    ┌──────────────┼──────────────┐    → Why so?
         市場は魅力的でも   有力な競合他社が    自社の強みを
         技術があれば     まだいない       活かせる
         後発でも戦える
              ↑              ↑              ↑
So What? ←  ┌─┴─┐          ┌─┴─┐          ┌─┴─┐  → Why so?
         潜在的な 顧客は   トップ  競合2社  Y事業の  自社の
         市場規模 ブランド  2社の  は     技術は   販路を
         が大きい より    シェアで 特色が   X事業に  活かせる
              機能重視  15%   ない    転用可能
```

返すわけです。この上下の関係がつながっていないことがロジックエラーです。

　ピラミッドの縦方向の階層はどれくらい必要なのか？という観点があります。これについては、主張を示す相手はどこまで「Why so?」と聞いてくるのかを判断基準にします。

　相手の立場によって聞いてくるレベルは異なります。それは物事を見る視座（高さ）や視野（広さ）が異なるためです。所属している部署の人相手であれば、あまり「Why so?」を問われることはないかもしれませんが、社長や他社への提案であれば、さらにたくさんの鋭い「Why so?」が出てくることが想定されるわけです。

　私は相手の「Why so?」に5回以上答えられることを目安とするとよいと考えています。ピラミッドの横については後述しますが、大体3つ程度にします。その3つの「なぜ？」に加えて、予備として2つくらいの「なぜ？」に答えられると説得力があり、信頼性が高まります。

›ピラミッドの作り方──横方向

　次に横方向の展開ですが、いくつかのパターンがあります。
　まず1つ目は「時間の順序」です。これは理解しやすいと思いますが、過去・現在・未来や、分析・立案・実行など作業の流れで構成します。
　2つ目は「重要度の順序」です。重要な順に根拠を述べていきます。たとえば、あるアプリケーションソフトを導入すべきであるという主張に対して、「必要な要件を満たしている」「費用対効果は高い」「導入実績も豊富」という流れにします。アプリケーションソフトはまずは機能要件を満たしていなければならないという前提からこうしていますが、他のものであれば、重要度の順番は変わってくるでしょう。
　3つ目は「構造の順序」です。ビジネスではフレームワークを使うとよいでしょう。
　フレームワークとはビジネス上の問題解決に用いる思考・検討の枠

図29 **横方向の作り方**

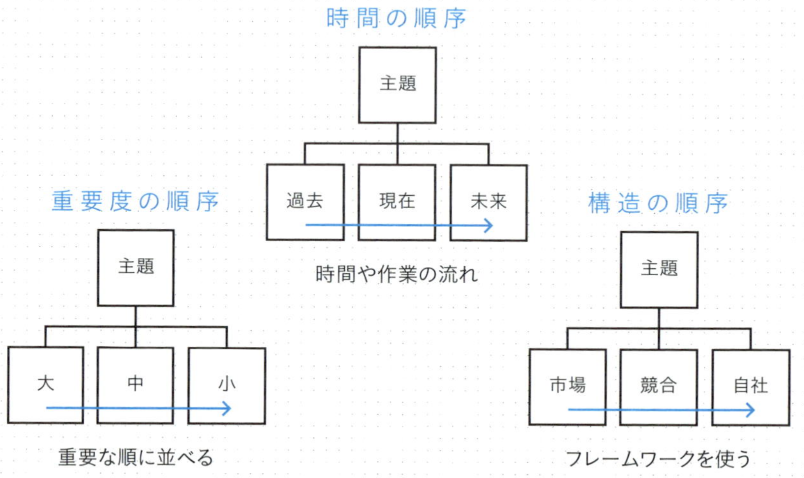

時間の順序
主題 → 過去・現在・未来
時間や作業の流れ

重要度の順序
主題 → 大・中・小
重要な順に並べる

構造の順序
主題 → 市場・競合・自社
フレームワークを使う

組みのことで、過去の試行や経験を通して、切り口が有益であることが証明されています。つまり毎回、ゼロから検討の枠組みを考えずとも、活用できる資産ということになります。

フレームワークを活用するメリットは3つあります。

1つ目は相手の理解が早まるという点です。相手にとって既知である検討軸を活用することによって、理解してもらうスピードを上げることができます。

2つ目は、検討事項の抜け漏れを防げることです。検討項目に大きな抜け漏れがあると企画の信頼性が損なわれる恐れがありますが、たとえばプロモーション企画を立案する際には、製品、価格、流通、プロモーションを示す4Pというフレームワークを活用することによって、大きな抜け漏れを防ぐことが可能です。

3つ目は検討軸の「レベル感」が揃います。レベル感とは、規模、粒度、程度などをまとめた言い方です。レベル感が揃っていないと何が不都合なのかというと、文書の中で大きな話と小さな話が混在する、つまり、あちこちに話が飛ぶことになり、筋道が分かりにくくなります。フレームワークの構成要素はおおよそのレベルが揃っていることが実証されているため、安心感があるわけです。

横方向の順序を考えるにあたり、考慮すべきなのが「相手の感情に染み入るか？」という点です。たとえば、「小売店の店主を納得させて、新製品の洗剤を置いてもらう」という目的なのに、3Cの切り口で小売店の店主に説明をしても相手の感情には染み入らないでしょう。

店主が聞きたいのは、そんな壮大な戦略ではないからです。したがって、こういう場合は、小売店の店主の立場に立って、最も店主に響く順序やフレームワークを選び、表現を変える必要があります。①週間の売上は？　②粗利は？　③アルバイトスタッフでも売れるか？などです。ここで大上段に構えた表現をしては、論理的に正しいと認識しても、感情的に受け入れがたいことになるのです。

CHAPTER_3 ストーリーボードを構成する

03
ストーリーを構成する

› 話の展開方法を決める

　メッセージのピラミッドができたら、いよいよストーリー構成に入ります。ストーリーを構成するには、まず話の展開を決め、その後、メッセージを置き、視覚化していきます。

　まず、話の展開は3つ、多くても5つくらいが適切です。展開が5つ以上になってしまった場合は、流れが見えにくくなるため、いくつかをくくって大分類にして、作り直したほうがよいでしょう。展開のタイプをいくつかご紹介します。

> **①プロセス・ステップ展開**
> 　業務やプロジェクトの手順の流れで、情報を配列していく展開。企画書や報告書の展開としては最も多いでしょう。「課題抽出・原因分析・解決策」「現状分析・目指す姿の策定・展開計画」などが展開例です。
>
> **②積上げ型展開**
> 　第2章の「意外性を感じさせる」項（85ページ）で、『かわいいコックさん』の例を出しましたが、先に結論を言ってしまうとインパクトが薄いケースで有効な展開です。調査報告や研修・授業など教材の展開としてもよいでしょう。

図30 **ストーリーの展開タイプ**

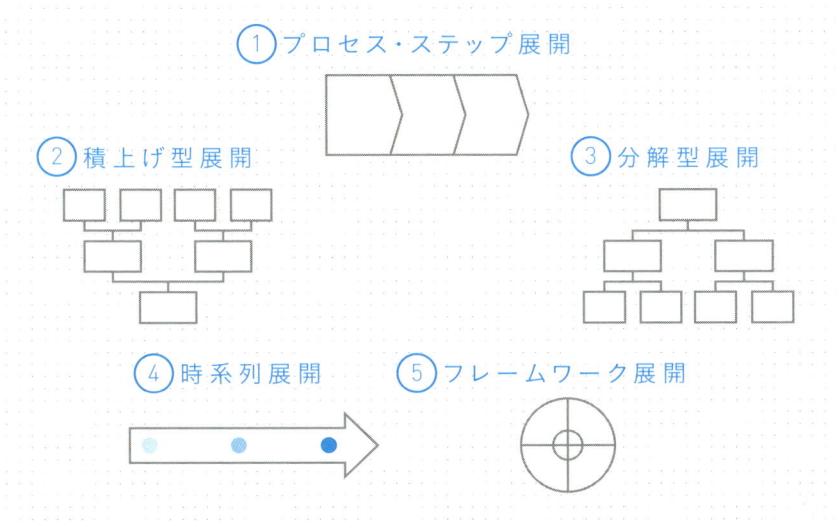

① プロセス・ステップ展開

② 積上げ型展開

③ 分解型展開

④ 時系列展開

⑤ フレームワーク展開

③分解型展開

結論やクライマックス部分を先に提示し、裏づけるデータなど細部を並べていく展開です。冒頭で大きなコンセプトを発表し、詳細な機能説明や活用シーンなどを並べていく新製品の発表や大型プロジェクトの発表などに向いている展開です。

④時系列展開

時間の流れ（順方向・逆方向）で、出来事を並べていく展開。物語をそのまま資料のストーリーにする場合にはこの展開になります。起承転結もこの展開の1つです。

⑤フレームワーク展開

相関・序列・階級などの関係性に基づき、情報を配置していく展開です。事業企画なら「3C（Customer：顧客、Competitor：競合、Company：自社）」、マーケティング企画書であれば、

> 「4P（Product：製品、Price：価格、Place：流通、Promotion：プロモーション）」、商品・サービスの企画書であれば、「QCD（Quality：品質、Cost：費用、Delivery：納期）」、展開計画であれば5W1Hなど汎用的なフレームワークを用いると相手にも展開が見えやすくなります。これまで説明してきた各種展開のパートの中を更に構造化展開することも可能です。

› メッセージを配置し、山場を決める

　話の展開が決まったら、メッセージを配置していきます。展開の下にメッセージを置いていきましょう。メインメッセージやサブメッセージを表す部分は、「山場」として設定します。山場は資料全体の中で、特にメッセージが強いスライドです。キースライドとか、肝（きも）チャートという呼び方をされることもあります。

　付せんなどを使うと順番の入れ替えや追加・削除がしやすいでしょう。

　メッセージの配置で留意する点は、以下の3つです。

①メッセージの流れはスムースか？

　まず、メインメッセージ、サブメッセージをサポートする情報で不足しているものがないかを確認します。また、背景や位置づけなど前提情報や、最後のまとめなど前後情報も足していきましょう。ただし、元からあったメッセージ以外で追加していく情報は極力少なくすべきです。気がつけばあれもこれもとなりがちですので、あくまでもメインメッセージを引き立てるものとして配置します。

　また、テンポも重要です。ずっと同じ調子で続く単調なテンポではなく、緩急を意識しましょう。たとえば、現状分析は、初めはテンポよく進め、最後の「衝撃の分析結果」の発表は長めに時間をとりインパクトを与える、などです。ここがまさに山場です。

② 相手の受容度に合っているか？

同じ提案をするストーリーだとしても相手の受容度に応じて、情報量を厚くするところや山場が異なってきます。

相手が必然性を意識できていないときは、"どうやるか" という "How" を語ってもぴんときませんので、"なぜ、○○をするのか" という "Why+What" メッセージを厚く、山場もこちらに設定します。逆に、相手が必然性を認識して、すぐにやりたいと思っているときには、"何をどのようにやるのか" という "What+How" メッセージを厚くします。

決算報告で良くない業績結果を社員に発表する際のメッセージの作り方としては、社員の士気が高い場合とそうでない場合とで、メッセージ配置も異なってきます。士気が低い場合には、次の行動計画を提示して発破をかけるメッセージを並べても響きにくいでしょう。その場合には結果に対する原因をきちんと捉え、それに意味を与える

図31 **Why＋What中心ストーリーボード**

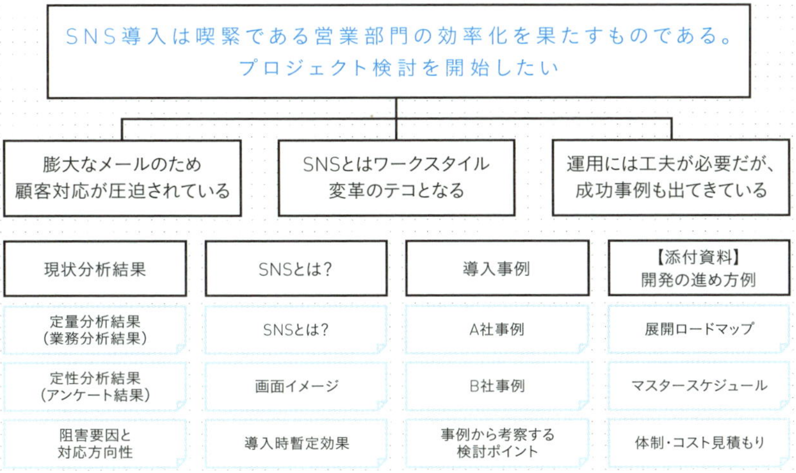

```
           SNS導入は喫緊である営業部門の効率化を果たすものである。
                    プロジェクト検討を開始したい
    ┌─────────────────────┼─────────────────────┐
膨大なメールのため      SNSとはワークスタイル      運用には工夫が必要だが、
顧客対応が圧迫されている    変革のテコとなる        成功事例も出てきている

  現状分析結果           SNSとは？              導入事例          【添付資料】
                                                              開発の進め方例

  定量分析結果           SNSとは？              A社事例           展開ロードマップ
  （業務分析結果）

  定性分析結果           画面イメージ            B社事例          マスタースケジュール
  （アンケート結果）

  阻害要因と             導入時暫定効果          事例から考察する    体制・コスト見積もり
  対応方向性                                    検討ポイント
```

図32 What＋How中心ストーリーボード

```
┌─────────────────────────────────────────────┐
│ SNS導入を来期最優先課題として承認を得て      │
│ プロジェクトを立ち上げたい                   │
└─────────────────────────────────────────────┘
         │                │                │
┌────────────┐  ┌────────────┐  ┌────────────┐
│SNSにより、  │  │SNSシステム │  │開始に向け早急│
│"脱メール"の │  │導入・運用の│  │に予算化と   │
│働き方を目指す│  │リスクは    │  │体制構築が必要│
│             │  │最小化可能  │  │             │
└────────────┘  └────────────┘  └────────────┘
```

目指すべき姿	SNS導入検討結果	プロジェクト計画案	【添付資料】その他検討資料
"脱メール"ワークスタイル	アプリケーション比較結果	展開ロードマップ	事例詳細
SNS活用イメージ Before/After	推奨アプリケーションの導入実績	マスタースケジュール	コストプラン比較
投資対効果試算	運用懸念事項と解決策	体制案・コスト見積もり	開発ベンダー比較

メッセージが山場になってくるでしょう。

③メッセージだけを読んで理解できるレベルになっているか？

　このあとは、メッセージを視覚化する段階に入りますが、まずこの時点でメッセージを続けて読んで、相手が理解できるかを確認しましょう。内容をよく知らない人にメッセージだけを声に出して読んで聞かせて、納得感があるかを確認するというのも1つの方法です。

　コンサルタント時代、何度も何度も資料作成がやり直しになってしまう部下がいました。その際に、「資料は見ないで、口頭で最初から最後までメッセージと情報を私に伝えて」と言ったところ、しどろもどろになってしまいました。その状態ではいくら資料を作っても双方の時間が無駄になるだけです。図解はあくまでも、メッセージの視覚化です。メッセージが固まってなければ、図解はできないのです。

　この3点に気をつけて、メッセージを配置しましょう。

› ## メッセージに見出しをつける

次に、見出しをつける作業に入ります。見出しは内容を的確に表現できていることが基本です。企画書を通して、相手に訴えたい内容によって、最適な見出しは変わります。たとえば、出店戦略の企画書を想定した場合に、最もシンプルに見出しをつければ名詞だけの表現（例：「立地」「価格」「人材」）になりますが、プレゼンテーション資料として口頭で伝えながら話すのではなく、紙資料で読んでもらう場合だと内容が推察しにくく、記憶に残りません。企画書で「どうあるべきか」を訴えたい場合は形容詞＋名詞（例：「戦略的立地」「競争力のある価格」「魅力的な人材」）という見出しに、「何をするのか」という計画が中心ならば動詞を含めた見出し（例：「立地選定」「価格決定」「人材採用」）というように訴求ポイントや内容によって見出しのつけ方を工夫してみましょう。

積上げ型展開などで、興味を引っぱる場合には、疑問形や質問の形にするなど、見出しで意外性を出していくという手もあります。

› ## メッセージを視覚化する

「いよいよ」というべきか、「やっと」というべきか、図解に近づいてきました。メッセージの横に、視覚化したスライドのイメージを描いていきます。この段階までは手描きで行いましょう。メッセージを何で表現するのかラフスケッチを描いていくのです。

図解の手法は次章で説明しますが、文字、表、グラフ、図、画像、動画などから、どの表現方法を用いるのかを選定し、一枚一枚のスライドイメージを手描きします。

小さな四角の中にイメージを描こうとすると、自ずと簡潔で明快な絵になります。本当はもっと複雑なのだからそんなことは無理だと思わないでください。その小さな四角に表せないのであれば、相手に伝わる可能性も極めて低いのです。

図33 スライドイメージが入ったストーリーボード

目指すべき姿	SNS導入検討結果	プロジェクト計画案
"脱メール"ワークスタイル	アプリケーション比較結果	展開ロードマップ
SNS活用イメージ Before／After	推奨アプリケーションの導入実績	マスタースケジュール
投資対効果試算	運用懸念事項と解決策	体制案・コスト見積もり

　仮に、「図もグラフも思い浮かばない。1枚のスライドに文章をびっしり書き込むか、何十行もあるエクセルの表を貼るかしかない」となったら、その情報は不要、もしくはメッセージがまだできていないということです。

　箇条書きまでできていれば、少なくとも図にできます。膨大な表で特に着目すべき点が見つけ出せているのなら、グラフや図に変換できます。次章では、このやり方をご紹介していきますが、ストーリーボードを作る際には、アイデアや情報を図解できるくらいにインパクトのある形まで練っておくことが求められることを覚えておいてください。

04
ストーリーボード作成で陥りがちな罠

›いきなりパワーポイントを立ち上げてしまう

ストーリーボード作成にあたり、陥りがちな罠は3つあります。

1つ目は、いきなりパワーポイントを立ち上げて、作り出すことです。メッセージやデータが手元に揃ったからといって、パワーポイントで作り始めるのは早計です。よほどの腕があるとしても多くの手戻りが発生したり、パワーポイントを目の前にして考え込む時間が長くなっているはずです。実際にストーリーの構成という作業は、全体感を常に持ちながら、試行錯誤が必要です。PCのアプリケーションでは、個々の内容や体裁に目が向きがちになり、全体感が失われ、ああでもない、こうでもないと試行錯誤をダイナミックにすることは難しいのです。PCを離れ、ノートや、付せん、フリップチャート、ホワイトボードなどを使うことをおすすめします。

›長編を作ってしまう

2つ目は、削ることを恐れ長編ストーリーにしてしまうことです。検討してきたこと全てを盛り込んで、持ち時間いっぱいどころか、消化不良を起こすまで詰め込んでしまうのです。更に「質問が出るかもしれないから、このデータも念のため入れておこう」と追加してしまう場合もあります。その根底にあるのは「あれもこれもやってます」と安全策として入れておこうとする恐怖心です。しかし、無駄な時間

を費やすことを良しとしていいわけがありません。「単純明快にできない理由」の項でも述べましたが、インパクトを与えるためには余分なものを削る勇気が必要です。持ち時間いっぱいではなくその45％以内の長さに収めましょう。質疑応答の時間などをとってインタラクティブにしたほうが理解が深まります。また、時間より早く終わって「早すぎる」と文句を言う人はいません。

›自分本位になってしまう

　3つ目は、メッセージに思い込みが強すぎて、自分本位のストーリーにしてしまうことです。あなたはメッセージのインパクトを高める過程を経て、内容について精通し、エキスパートになっているため、どの順番で聞いても分かるかもしれませんが、相手の知識によっては、背景や現状を理解してからでないと、そのメッセージを理解できないこともあります。また、自分が気に入ったこと、面白いと思うことが必ずしもインパクトを与えるために必要であるとは限りません。心を鬼にして、これまでの過程をいったん忘れ、初めて話を聞く立場になって、ストーリーを構成していきましょう。

　相手は情報を詰め込んでほしいと思っているわけではありません。多くの情報を意味のある形に切りとって目の前に出してほしいと思っていることを忘れずに、ストーリーボードを構成していきましょう。

> **POINT**
> 本章では、インパクトを高めたメッセージをピラミッド構造で組み立て、資料の設計図であるストーリーボードへの落とし込み方をご説明してきました。この過程を経ずにパソコンを立ち上げ、過去に作成した資料を切り貼りするところから始める人も多いでしょう。メッセージを確実に届けるには、この過程は外せません。手描きでじっくりと設計しましょう。

デザインとは単にどのように見えるか、
どのように感じるかということではない。
どう機能するかだ。
──スティーブ・ジョブズ

CHAPTER_4
MECHAN-
ISM
MESSAGE
STORY
EXPLESSION

CHAPTER_4

インパクトを表現する

CHAPTER_4　インパクトを表現する

01
インパクトのある図解とは？

› インパクト＝印象力×説得力×影響力

　精魂込めて作り上げたメッセージとストーリーをいかに伝えるか。効果的にインパクトを視覚化する総決算です。ここで一度考えてみたいのですが、インパクトのある図解とはどのようなものなのでしょうか？　第１章で、インパクトを以下のように定義しました。

インパクト＝印象力 × 説得力 × 影響力

　図解はインパクトを表現するものですから、この３つの力を持ったものでなければなりません。コンサルタントとして働いていた頃、提案やプロジェクト資料の中で何度も何度も活用されるチャートを「キラーチャート」と呼んでいたことがあります。キラーチャートをいくつかあげてみると、お客様のことを徹底的に考えたソリューションのコンセプトであったり、複雑な現状から本質的な根本原因を際立たせ多くの人に問題意識を持たせる現状分析結果であったり、進捗や課題がぱっと見て目に焼きつくような進捗レポートだったりと、まさに考え抜かれた「渾身の一枚」とでもいうべき図解でした。これらの資料は未だに関係者の記憶に残っています。

　インパクトのある図解とは、記憶に残り、相手がすぐにそれを誰かに伝えたくなるようなものです。何度も繰り返し使われるのはそれだ

けメッセージ性が強いということです。私が作成した資料が社内や別の会社でも使われているのを目にする機会も多いのですが、無断使用されて悔しいという気持ちより、影響力がある図解だったのだと光栄に思う気持ちのほうを強く感じます。私は相手がこの資料は手元に置いておきたいという「所有欲」を持つような資料を作りたいと日頃から考えています。説明が終わったあとに、「資料をすぐに送ってほしい」と言われ、アクションにつながり、多くの人が模倣してくれる資料をどれだけ作れるかがホワイトカラーの生産性の1つであると考えています。記憶に残らない資料を徹夜して量産することは誰でも虚しさを感じるでしょう。インパクトのある渾身の一枚を目指して、表現の技術を学んでいきましょう。

インパクト図解の鉄則──デザイン

インパクトのある図解を考えるにあたり、最も重要な概念は「デザイン」です。デザインとは、単なる装飾ではありません。ちょっと色をつけてみようとか、余白があるからイラストでもつけてみよう、というような最後につけ加えるおまけのようなものではありません。
「ビジネス文書は芸術作品ではないのだから、ビジュアルに注力する必要はない」という言い方をする人がいますが、この考えは「アート」とデザインを混同しているといえます。アートは表現行為自体が目的ですが、デザインは何かを伝えるという目的を伴った表現の設計行為です。ですから、インパクトのあるメッセージが効果的に伝わらない場合は、そのデザインは失敗なのです。

デザインとは、最小のコントラストで最大のインパクトを伝達するための設計です。

つまり、デザイン力とは、絵心などという芸術的才能のようなものではなく、コントラストをどう出すのか、インパクトをどう強めるの

かという表現を設計するビジネススキルなのです。

　デザインというと、レイアウト、形、カラーなどが真っ先に思い浮かぶ方も多いでしょう。しかしながら、図解におけるデザインではそれ以前に守らなければならない2つの鉄則があります。「ノイズカット」と「フォーカス」です。

　逆にいえば、図を作る段階で使うテクニックは、基本的にこの2つだけです。驚くほどシンプルだと思いませんか？

①ノイズカット

　1つ目の鉄則は、最小のコントラストで伝わるように、余計な情報、すなわち「ノイズ」を徹底的にカットすることです。コントラストは強めたほうがよいのでは？と思われるかもしれませんが、図解表現において、強い色を使うなどの物理的な強いコントラストは相手を疲れさせます。何よりもノイズがたくさんある中から、重要な情報を探すことは余計な時間と労力を相手に強いることになります。ノイズを徹底的に減らすと、派手な演出効果を用いずとも、最小のコントラストで重要な情報が浮き上がって見えてくるのです。

　表やグラフ、図、画像など何気なく作成してしまうとノイズがたくさん含まれています。たとえばグラフをエクセルで作ると、円グラフの全ての要素に色がついていたり、棒グラフに余計な目盛り線がたくさんあったりします。これらから、注意深く不必要なものをカットすることは、インパクトを高める以前の、相手に対する"おもてなしの心"でもあります。また、最近は3Dのオブジェクトが多用されますが、3Dという演出効果は本当に必要なものなのか、ノイズになっていないかを吟味すべきでしょう。

　「デザインとは足すものではなく、引くものである。引くものが何もなくなったときがデザインの完成である」といわれます。図解の完成度を高めるためには、何を引くべきかを第一に考えましょう。

図34 ノイズカットとフォーカスのイメージ

ノイズカット

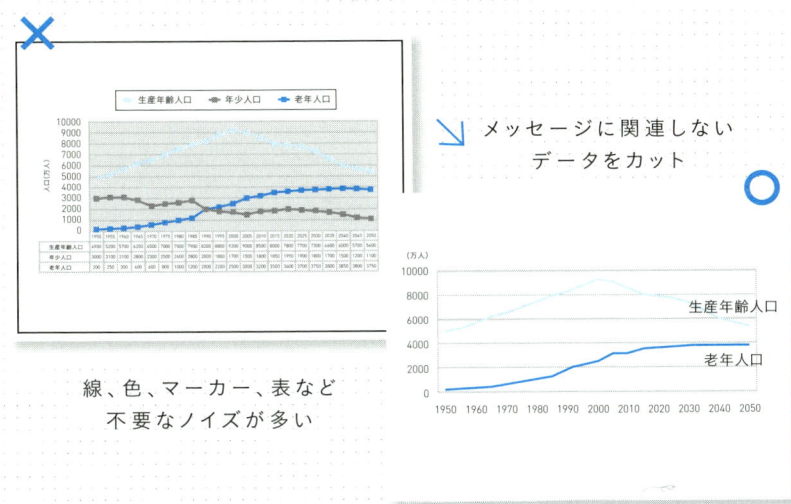

✕

→ メッセージに関連しない
データをカット

○

線、色、マーカー、表など
不要なノイズが多い

フォーカス

✕

→ 数値の意味を
追加

○

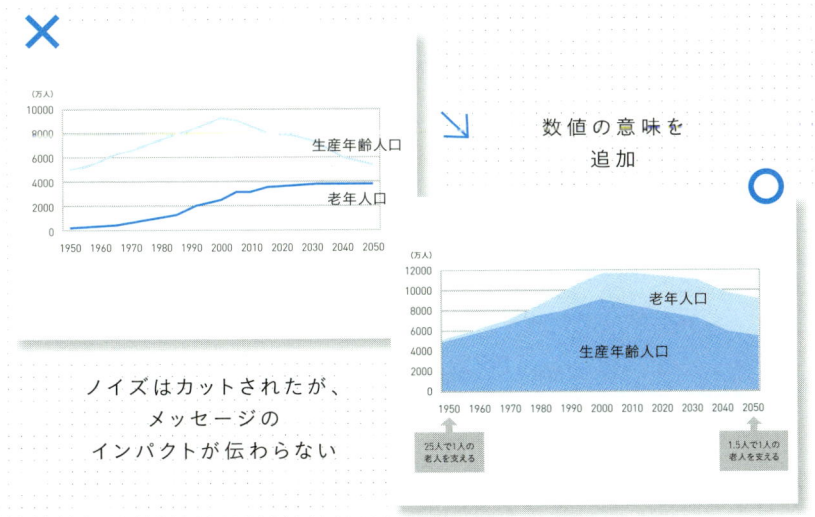

ノイズはカットされたが、
メッセージの
インパクトが伝わらない

②**フォーカス**

　次に最大のインパクトレベルにするために「フォーカス」を当てます。カメラ用語としてフォーカスとは被写体にピントを合わせることを意味します。被写体が人物であれば目にピントを合わせ、背景をぼかしたりして、印象を強めます。図解におけるフォーカスは、視線の流れをコントロールして最も着目すべきところに照準を合わせてインパクトを高めることです。グラフだったら、どの傾きを見てほしいのか、図であれば、どれが「主の情報」でどれが「従の情報」なのか、画像であれば読みとれるメッセージは何なのか、焦点を合わせていきます。具体的にはレイアウトやカラー、大きさなどで視線の流れを集めていくのです。

　もし、焦点を合わせるべき箇所が分からないのだとしたら、メッセージにインパクトがないということでもあります。デザインは、メッセージを伝えるためのものですから、メッセージが定まっていないと何が最適な図解か、どのような効果・演出が良いのか決まらないのです。「フォーカスの裏にメッセージあり」と覚えておいてください。

›流行の潮流は「フラットデザイン」

　なお、2013年に流行り始めているデザインの潮流として、「フラットデザイン」というものがあります。フラットデザインとは立体的でなく、余分なエフェクトが使われていないデザイン方法です。図形を立体的に見せたり、へこませて見せるようなドロップシャドウ、ベベル、エンボス、グラデーションなどを使わない、くっきりしているデザインです。WindowsやGoogleのUI（ユーザーインターフェイス）で使われており、徐々に広がりを見せています。様々なエフェクトが使えるようになりましたが、原点に立ち返りシンプルに伝えるべきことは何かを際立たせようということでしょう。デザインには流行もありますので、適度に取り入れていく必要があります。

この後は、表現方法別に図解のテクニックを見ていきますが、ノイズカットとフォーカスは全ての表現方法の必須条件になります。ノイズカットとフォーカスをきわめていくことは、図解の洗練につながります。意識的ではない余分な罫線は相手への思いやりに欠けていますし、意識的につけた不要な装飾や演出は相手を不快にさせるかもしれません。インパクトを図解表現するにあたり、常に、不要なノイズをカットすることと、メッセージを最も表現するものにフォーカスを当てることを忘れないようにしましょう。

› 表現方法の選択

　図解するにあたり、まず初めにすることは、メッセージや情報をどの方法で表現するのかという判断です。

　図35の縦軸は、人が一度に受け取れる情報量の多寡。横軸は、表現するものが事実情報なのか、形成概念なのか。訴えたい内容によっ

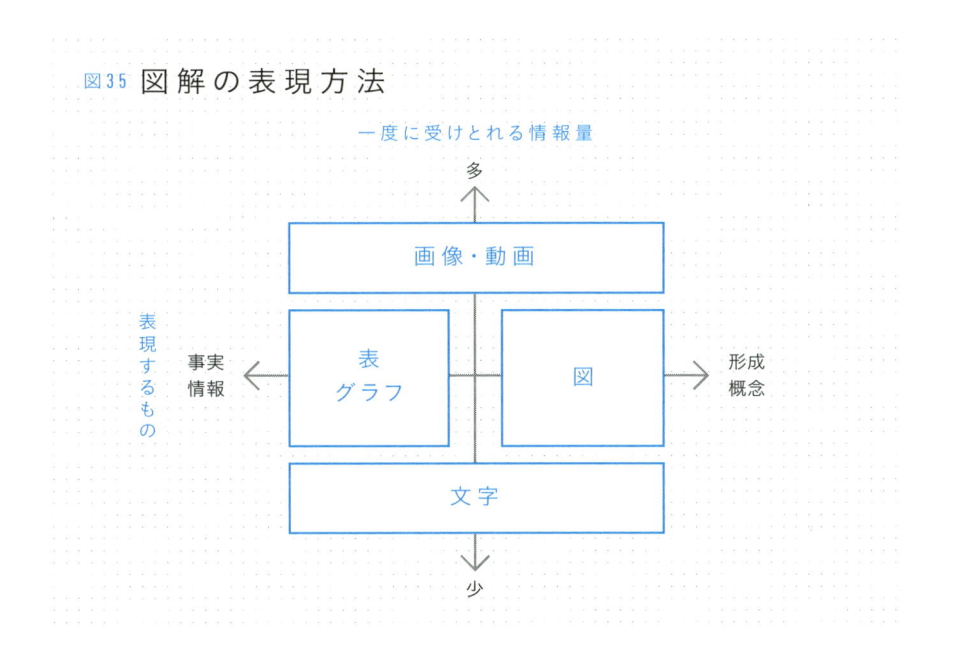

図35 **図解の表現方法**

一度に受けとれる情報量

多 ↑

画像・動画

表現するもの　事実情報 ← 表グラフ　図 → 形成概念

文字

↓ 少

図36 表現方法の例

文字で表現

グラフで表現

図で表現

てビジュアル表現は変わります。

　たとえば、伝えたい内容が「SNSとは?」というように概念の説明であれば「図」が適切でしょう。また、「SNSで脱メール」のような単純明快なメッセージであれば、余計な情報を入れずに「文字」だけで表現したほうが鮮やかに記憶に残ります。表現といっても、必ずしも図や画像にしなくてもいい場合もあるのです。

　更にメッセージの根拠・裏づけとなる分析結果や傾向などは事実情報なので、「表・グラフ」という表現が一般的です。

　初めは試行錯誤で様々な表現を試し、それぞれの長所短所や向き不向きを自分なりに納得した上で、自分の得意技としての表現手法を決めるとよいでしょう。

　ではそれぞれの表現タイプについて、見ていきます。

インパクトを表現する

02
文字で表現する

› 文字も図解の1つ

　図解というと文字は含まれないのでは？と思われる方も多いかもしれませんが、文字自体、もともとは具体的な事物や抽象的概念を象形したものですから、何かを伝えるときに他の表現タイプに劣らないインパクトを出すことが可能です。長文では、読解の労力を相手に強いることになりますが、単語や短文であれば、同じ言語を話す相手の場合には、読み違えるリスクは少ないともいえます。

　最近では、冗長で難解なスライドへのアンチテーゼとしてもスライドに大きなフォントでキーワードのみというプレゼンテーションが増えてきています。図が盛りだくさんのスライドよりも圧倒的なインパクトがあり、極めて単純明快で、記憶に残りやすいのです。

　また、高橋メソッド（http://www.rubycolor.org/takahashi/）という日本Rubyの会の高橋征義氏によって考案されたプレゼンテーション技法も注目されました（図37）。これは、2001年に高橋氏が講演する際に、たまたまプレゼンテーションツールを持ち合わせていなかったことから、巨大な文字だけで構成されたHTMLによるプレゼンを行ったことが始まりとされています。文字だけでありながら、インパクトがあり、極めて明快にメッセージが伝わり、好評を博したことから、メソッドになったということです。

図37 高橋メソッド

高橋メソッド について 日本Rubyの会 高橋征義	特徴
懇切丁寧に 書いていると 文字を大きく できないため	高橋 メソッド
巨大な 文字	歴史的 経緯に より
プレゼン テーションの 一手法	簡潔な 言葉
なぜか笑いを 取りに行きがち	

こんな少ない文字では伝えられないと思われるかもしれませんが、たとえ多くの情報を盛り込んでも覚えていてもらえないのであれば、その意味はゼロに等しくなってしまいます。長い文章は解読に時間がかかり、ぱっと目にした際のインパクトという意味では弱まりますので、できるだけキーワードで表現するようにしましょう。

› インパクトワードを作る

　文字で表現する場合のテクニックを見ていきましょう。まず、使う言葉のインパクトを強めていきます。ありきたりの言葉でインパクトを出すのは難しいですが、奇をてらった言葉や造語は受け入れられないリスクもはらんでいますので、慎重に注意してインパクトレベルを高めていきましょう。文字のインパクトを高めるための手法は以下の通りです。

① 置き換える

　言葉を別の表現に置き換えてみる方法です。簡単なのは日本語と英語の置き換えです。普段日本語で使われている言葉を英語で言ってみると語感が変わりますし、逆に英語で浸透している言葉を日本語に置き換えると新鮮に感じられたり、あらためて意味が浮き彫りになることがあります。ただし、単なる横文字の置き換えだと逆に薄っぺらな印象を与えるほか、「英語アレルギー（嫌悪感）」を刺激するというリスクもあるので注意しましょう。

例：マーケティング　→　売れる仕組み作り
　　人材／人財→　Human Resource/Human Capital

　動詞や形容詞、副詞を置き換えるという方法もあります。通常は目的語と動詞は使われる組み合わせが決まっていることが多いので、あえて違う組み合わせにすることで意外性が生まれ、インパクトが強ま

ります。以下の例のように「記憶に粘る」という表現にすると、頭の中の色々なところにしっかりとくっつき、かつ長期間忘れられないというイメージが強まるでしょう。

例：記憶に残る　→　記憶に焼きつける　→　記憶に粘る
　　迅速な経営　→　爆速経営

　違う業界で使われている言葉や、違う時代の言葉に置き換える方法は、「水平・垂直方法の置き換え」に当たります。アナロジー（比喩）に近くなりますが、他の業界や時代の概念も付随されるため、イメージが膨らみインパクトが強まります。

例：若手による改革　→　平成維新改革（時代を置き換え）
　　意識醸成・課題形成・能力伸長・実践評価
　　　→　開墾・種蒔き・施肥・収穫（農業に置き換え）

②数式にする

　言葉の意味を間違いなく伝えるためには、その言葉に含まれる要素や意味を数式にして伝えるのがよいでしょう。数式にする過程を経ると、極限までその言葉の意味が単純明快になり、自ずとインパクトが強まります。

③対語にする

　1つの言葉だけではその意味するところが分かりにくい場合には、対になる語と比較することでその言葉の意味づけを強めることができます。単純明快にする手法の1つとして「××ではない。○○である」に当てはめて考えるというやり方を紹介しましたが、それを表現する方法としても適しています。また、更に分解した要素を比較することによって、より違いが明確になってきます。

図38 **数式の例:稲盛和夫氏の名言**

$$\boxed{人生・仕事の結果} = 熱意 \times 考え方 \times 能力$$

[生の言葉やことわざを引用する]

　長い文章ではなくキーワードがよいと前述しましたが、人が発した言葉やことわざの場合はその限りではありません。人が発した生の言葉には強いパワーがあります。まさに、「言霊(ことだま)」が宿っていますので、これを使わない手はありません。生の言葉は、具体性、感情訴求、物語性、信頼性、意外性、単純明快の全ての条件を満たすこともあるくらい強いのです。これをビジネス用語に変換した途端に魂が抜けてしまいます。ことわざも何百年、何千年を経て語り継がれている教訓ですので、とても強いパワーを持っています。

例:通常のビジネス表現
　「処理速度を誇るアプリケーション」
　発言をそのまま記載
　「今までが一体何だったのかと唖然とする程のパフォーマンス」
　(出荷担当A氏)

図39 対語の例①:求められる能力の変化

予測可能な時代		予測不能な時代
What能力 何をするべきか	経営層	Where能力 どこへ向かうべきか
How能力 どうすべきか	管理層	What能力 何をすべきか
Do能力 実行するか	現場層	What+How+Do能力 何をどうやって 実行するか

図40 対語の例②:教育と学習

Education (教育)		Learning (学習)
専任	教える人	現役
人事部門	担当部門	事業部門
受動的選抜	カリキュラム	自発的選択
One Way	トレーニング	Two Way
教えられる		自ら学ぶ

実在の人の声だけでなく、歴史上の人物の声も時を経て生き残ってきた重みがあり、引用することで、説得力を高められます。

例：『孫子の兵法』より
　一．戦うべきと戦うべからざるとを知る者は勝つ
　二．衆寡の用（大兵力と小兵力の運用）をしる者は勝つ
　三．上下の欲（意思）を同じうする者は勝つ

私は資料作成の指導にあたり、「丸めないで、尖った言葉をそのまま使うように」とよく言います。コンサルティングでは、経営層、ミドルマネジメント、現場の方、顧客と様々な方にインタビューをすることが多いのですが、報告書にまとめる際にも、可能な限り発言を原文で載せます。「賛成の人が何パーセント」ではなく、「今、我々は退路を断ってでもこの改革を進めるべきである」という決意あふれる生の言葉や、「おたくのコールセンターで10分も待たされた挙げ句、私

図41 人の言葉の例

昨日から学び、
Learn from yesterday,

今日を生き、
live for today,

明日へ期待しよう
hope for tomorrow.

アルベルト・アインシュタイン

のミスだと言われた」という生の顧客の言葉のほうが強いインパクトを与えられます。

　言葉自体が変わらない場合には、たとえば、「次世代マーケティング」というふうに、既存の言葉に枕詞をつけて新しさや違いを訴求するというやり方もありますが、その場合には何が違うのかを分かるように打ち出さないと単なる掛け声倒れと思われてしまいます。
　またインパクトワードを考える際には、類語辞典が参考になります。違う表現や反対語は何かを見ると、言葉の持つ意味をあらためて考えることができます。インターネットでも様々な類語辞典が利用できます。
　インパクトワードが決まったら、資料のストーリー構成の中では、なるべく序盤に打ち出し、資料の中で何度も繰り返し使うようにしましょう。リフレインすることによって、インパクトを強めます。

　歌手の松任谷由美さんは、喫茶店などで若いカップルの会話を盗み聞きして、作詞に活かしているそうです。インパクトワードは身近なところに潜んでいますので、見逃さないようにしましょう。

› 文字のノイズカット

　スライドにのせる文字数は少なければ少ないほど伝わります。文章よりは、箇条書き、箇条書きよりはキーワードと減らしていきましょう。ある逸話を紹介します。

> 　ある人が魚屋を開き、「私たちはここで新鮮な魚を売っています」という看板を出した。すると父がやって来て、「『私たち』ってつけると、お客さんより売り手を強調しているみたいだ。その言葉は不要だ」と言った。そこで「ここで新鮮な魚を売っています」と書き換えたところ、兄が通りがかって、「『ここで』は蛇足

> だよ」と言った。そこで「新鮮な魚を売っています」に書き換えた。すると姉がやって来て「『新鮮な魚』だけでいいんじゃない？ 売ってるのは当たり前でしょう」と言った。その後隣人が立ち寄って「わざわざ『新鮮な』ってつけるとまるで新鮮さに疑問の余地があって、弁解しているみたいだよ」と言った。
> 　こうして、看板には「魚」とだけ書かれた。
> 　店主が少し店を離れると看板が読めないくらい遠くからでも魚の匂いがした。そうして「魚」という言葉すら必要のないことを悟った。
> （『プレゼンテーションzen』〈ガー・レイノルズ著、ピアソンエデュケーション〉より）

　私は一度、ある部下の作った資料を削りに削った結果、冷や汗をかいたことがあります。その人の資料には訴求すべきことがなく、「とにかくこの製品を導入しましょう」という以外、残すべき情報が見当たらなかったからです。ここまで極端ではないにせよ、ビジネス文書に当たり前でわざわざ表記するほどではない文字があふれているのは確かです。一度思い切って削ってみましょう。

① 括弧書きやコロンを減らす

　括弧書き表現もノイズとしてカットすべきです。括弧とは補足説明や別称、読みにくい字の読み方などを記載するものです。補足説明については、本当に必要な情報ならば、本文中に記載すべきです。ダジャレのようで言いたくはないのですが、括弧書きが多い文章はカッコ悪いのです。

　コロンは単語や文章の区切りとして使いますが、幅をあけるなどして、なくてもOKならばなくします。

例：第1章：市場分析結果（東京都市部）
　　　　　　↓

第 1 章　東京都市部の市場分析結果

② カタカナを減らす
　日本語は複数の文字タイプが混在する複雑な言語体系です。更に英語も加わると読みやすくするのがより難しくなります。漢字は視認性の高い文字で、難解で読めない字でなければ少ない文字数で多くの情報を伝えられます。カタカナは冗長かつ視認性が低いため、可能であれば漢字にすることで読みやすさが増します。やりすぎると中国語の資料のようになりますので、注意が必要です。以下のように漢字のほうが読む文字量が少なく、記憶にも残りやすいといえます。

例：ロジカルシンキング　→　論理思考
　　ストラテジックアライアンス　→　戦略的提携
　　デモマシン　→　デモ機
　　オリーブオイル　→　オリーブ油

　英語は相手の英語レベルによるので、相手のプロフィールを検討してから使いましょう。文字数が多くなりがちなのはカタカナと同様です。

文字のフォーカス

　ここまでは文字の選び方をご説明してきましたが、それらの文字にフォーカスを当てるテクニックを見ていきましょう。文字は、フォント（字体）、ポイント（大きさ）、カラー、レイアウト（配置）で表現されますので、これらの要素を駆使してフォーカスを当てます。

① フォント（字体）
　近年ではフォントの種類は非常に豊富になり、表現の幅が広がりました。読ませるフォント、見せるフォントなどと目的に応じて適して

いるフォントは異なり、選び間違えると雑な印象や素人っぽさを感じさせてしまいす。また、新しいフォントや、より読みやすいフォントが登場してきますので、意識せずにフォントを使い続けると古さを感じさせてしまうかもしれません。

　まず、日本語の文字は、「明朝体」と「ゴシック体」に大別することができます。明朝体は、横線に対して縦線が太く、横線の右端、曲がり角の右肩に三角形の山（ウロコ）がある書体です。一方、ゴシック体は、横線と縦線の太さがほぼ同じで、ウロコが（ほとんど）ない書体です。欧文の文字（欧文フォント）も、日本語と同様、2つに分けることができます。

　1つは、「セリフ体」と呼ばれ、Times New Romanに代表されるような縦線が太く、ウロコのある書体です。もう1つは「サンセリフ体」と呼ばれ、線の太さが一様でウロコのない書体です。サンセリフ体の代表は、ArialやHelvetica、Corbel、Calibriです。ちなみに、「サン」とは「ない」、「セリフ」とは「ウロコ」という意味です。

図42 **フォントの種類**

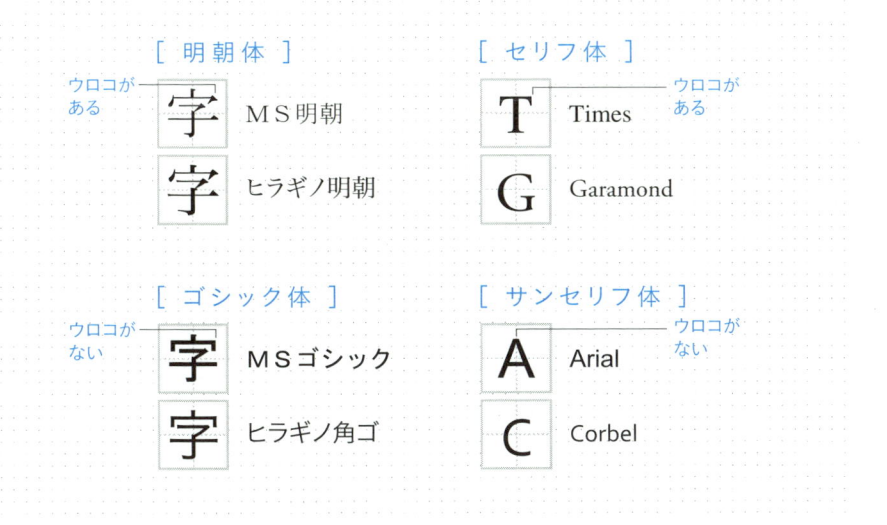

[明朝体]
- 字　ＭＳ明朝（ウロコがある）
- 字　ヒラギノ明朝

[セリフ体]
- T　Times（ウロコがある）
- G　Garamond

[ゴシック体]
- 字　ＭＳゴシック（ウロコがない）
- 字　ヒラギノ角ゴ

[サンセリフ体]
- A　Arial（ウロコがない）
- C　Corbel

CHAPTER_4　EXPRESSION　インパクトを表現する

プレゼン資料にはゴシック体、サンセリフ体が基本です。スライドは、懇切丁寧に文章を書いて読ませるものではなく、一般に、プレゼンテーションの補助的な役割をするものです。したがって、文章が長くなることは想定せず、基本的には、可読性（読みやすさ）よりも視認性（遠くからでもしっかりと字が認識できること）が求められます。全体を通じてゴシック体を用いるのがよいでしょう。

　また、画面やスクリーン上では明朝体は読みにくくなってしまいがちなので、プロジェクターなどを使って発表をする場合には、明朝体を避けるほうが賢明です。なお、英語の資料であれば、Verdanaなどのサンセリフ体を使うのがよいでしょう。Verdanaは、マイクロソフトが開発し、マシュー・カーターが制作した視認性重視の欧文フォントです。Windowsのみならず、Macintoshにも標準でインストールされており、スクリーン用フォントとして人気があるフォントです。あるときから急速に外資系企業の資料に浸透し始め、それ以前のArialで作成された英語資料はやや古い印象を与えるようになりました。また、Windowsならメイリオ、Macintoshならヒラギノ角ゴなどもスライド向きのフォントです。

　Macユーザーはデザイン感度が高く、ヒラギノフォントにこだわりを持っている方も多いようですが、他人のPCを使ってプレゼンをする場合は、互換性を考えて、Mac限定フォントではなく、Windowsにも標準で入っているフォントを使っておいたほうがよいでしょう。

②ポイント（文字の大きさ）

　前述した高橋メソッドなどの字の大きさは60から96ポイントとかなり大きなポイント数です。そこまで大きなフォントをスライド全編にわたって使うのは難しいと思いますが、インパクトワードやタイトルはなるべく大きなポイントにすべきでしょう。また、プロジェク

ターで投影するプレゼンテーションスライドであれば、最小でも24ポイント以上はほしいところです。

　文字全てを大きなポイントにすると入りきらない場合には、強調すべき頭文字や途中の文字だけポイントを大きくしたり、カラーを変えたりしてコントラストをつけます。

③カラー

　カラーリング全般のテクニックについては、まとめて後述しますので、ここでは文字のカラーについてお話しします。文字は通常、黒にされることが多いのですが、文字数が多い場合には、はっきりしすぎて、うるさい印象を与える場合があります。そういった場合には、タイトルや見出し、インパクトワード以外の本文をグレーにして圧迫感をなくすテクニックがあります。文字数が多い資料は、あらかじめ文字のカラーをグレーにしておくとよいかもしれません。最近のWebページも本文の文字色がグレーのものが多いようです。

④レイアウト（配置）

　文字だけでページレイアウトを構成する際には基本は中央揃えか、左揃えです。本編スライドでは右揃えにはあまりしませんが、タイトルスライドでは右揃えにすることで他ページとのコントラストが生まれます。ただし、均等割り付けは文字幅が不揃いになり安定感に欠けるため用いないほうがよいでしょう。

　図43は、フォント、ポイント、カラー、レイアウトを工夫し、タイトルページのインパクトを強めた例です。×のスライドは同じポイント、カラーで中央揃えですが、コントラストが薄く、インパクトがあるフォーカスポイントが分かりません。◯のスライドはフォーカスしている概念であるImpactに視線が誘導され、文字色とロゴのカラーを合わせることと右揃えにすることで、インパクトもありスタイ

図43 **レイアウトの例**

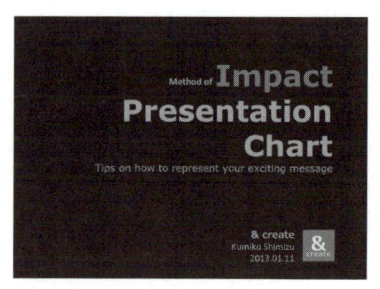

リッシュでもあるタイトルスライドになっています。

　文字は図解の1つの手段として、大きなインパクトを出すことが可能です。下手な図にするよりも本質的な文字を吟味することで、更に本質が浮き彫りになります。一言で言い表せないのであれば、その後にいくら言葉を尽くし、情報を増やしても伝わりません。少ない文字でインパクトが出せるか勝負する勇気を持ちましょう。

インパクトを表現する

03 表で表現する

› そもそも表を使うべきか？

　表やグラフは、事実情報やデータを表現するものです。事実といってもそれはメッセージを裏づけるものですから、そのまま出すのではなく、メッセージが分かるようノイズカットをし、フォーカスを強めなければなりません。図解表現において、ノイズカットとフォーカスという考えを最も適用すべきなのが表とグラフといっても過言ではないくらいです。それだけノイズが多く、どこに着目したらよいのか分からない表・グラフがあふれているのです。エクセルで作ったものをそのまま使えることはないと考えてください。

　たくさんの数字や情報を表示するのに、表は最も簡単な方法です。ただし、便利だからといって安易に頼りすぎるのはよくありません。基本的に数十行もあるようなエクセルの表は、生のデータであり、加工せずにそのままパワーポイントのスライドに貼りつけるようなことはすべきではありません。数値の羅列である表よりもグラフのほうが視認効果は高く、相手の記憶に残りやすいのです。

　本当に表を使わなくてはいけないのかどうかは、メッセージによって決まります。メッセージが「急激な売上の伸び」を訴求しているのであれば表の中の売上の数値を線グラフにすればよいでしょう。メッセージが「急激な売上の伸びは、商品構成に関連している」ということであれば、商品別の内訳を伴った売上の縦棒グラフで表現するなど、

グラフタイプをいくつか組み合わせることで表現できます（メッセージをグラフで表現する具体的な方法については次の項を参照してください）。

　<mark>メッセージがないまま、表を提示するのは、情報の羅列を相手に提示して、「ここから何か読みとってください」と言っているようなものです。</mark>もともと表は相手に読みとりの労力を強いるものです。投影画面に表が出てくると、「うわ、細かい表が出てきたよ。縦軸は売上？　横軸は何だろう……？　えっと単位は百万円、ドルどっちだ……？　ふう、読み方は分かったけど、それで一体どこを見ればいいの？」となりませんか？　インパクトのある図解表現としては、表はなるべくメッセージに合わせたグラフに加工することを心がけるべきでしょう。

　グラフではなく、表を使うケースとしてあげられるのはメッセージ

図44 **データ表と比較表**

データ表

月	売上	顧客数	利益
1月	12.0	3,402	3.2
2月	11.2	2,056	2.5
3月	10.1	2,598	1.3
4月	8.9	1,634	0.5
5月	7.8	1,253	1.8

比較表

	機能	性能	価格(円)	評価
A	◎	○	54,900	A+
B	◎	◎	100,000	A
C	△	○	89,000	C
D	△	△	60,000	B

が情報の比較結果に言及する場合です。選択肢の比較をしている「比較表」と、縦軸と横軸の交点で情報をまとめた「星取表」など数値以外の情報を扱うときです。このような表は元データが数値ではないためグラフ化できません。

›表の作り方

では、あらためて表の作り方を見てみましょう。まずは、評価項目を切り出します。特に項目数が多い場合はロジカルシンキングで評価事項を体系的に組み立て、それから項目を切り出すところからスタートする必要があります。図45はあるアプリケーションを評価するための項目を切り出した例です。実際のアプリケーションを評価選定するような表では、比較項目が数十に及ぶ場合もあり、そのような場合には思いつきで項目を並べるとどう見たらよいのかとても分かりにくいものになります。ピラミッドで体系的に項目を切り出し、大分類、中分類、小分類と体系的にすると理解しやすい表になります。

次はセル内の記述方法を決めます。数値で表すのか、文字なのか、基準を決めて、○×などの記号を使うのか、あるいはセルの色づけにするのか、分かりやすい記載方法を検討します。記載方法は視覚的にぱっと見て理解しやすいものにしましょう。セルの中に文章を書いてしまうと、それを読んだ上で、他の選択肢と比較することになり、読む人に理解の労力をかけてしまいます。

最後に結論が分かるように強調します。読まずに一目で理解できるようなレベルまで仕上げられれば、表の作成は完璧といっていいでしょう。

›表のノイズカット

表におけるノイズカットの筆頭は罫線です。罫線はとにかくなければないに越したことはないと考えてください。小さい表であれば、項目ごと、行ごとに罫線を引いたり、交互に背景に色をつけたりする必

図45 表の作り方

表の項目切り出し

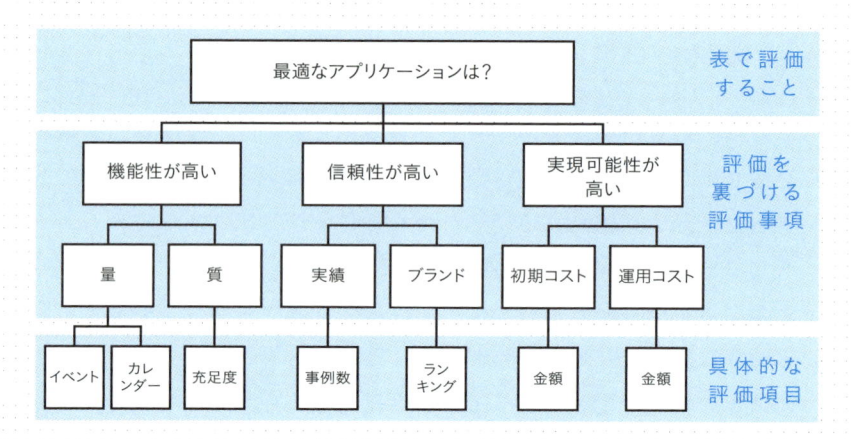

```
                    最適なアプリケーションは?              表で評価
                                                          すること
        ┌───────────────┬───────────────┐
   機能性が高い      信頼性が高い      実現可能性が        評価を
                                         高い             裏づける
    ┌─────┐          ┌─────┐          ┌─────┐           評価事項
    量     質        実績  ブランド   初期コスト 運用コスト
  ┌──┬──┐ │         │     │          │          │
イベント カレン 充足度 事例数 ランキング  金額       金額       具体的な
       ンダー                                               評価項目
```

↓ 表の項目へ

作成した表

評価事項 アプリ	機能性						信頼性		実現可能性		総合評価
	量					質	導入 事例数	ブランド ランキング	初期 コスト	運用 コスト	
	イベント	カレンダー	…	…	…	充足度					
A						8pts	50件	1	A	A	○
B						6pts	45件	5	B	C	○
C						9pts	55件	2	A	B	◎
D						3pts	31件	10	C	C	△
E						1pts	20件	22	C	C	×

図46 罫線のノイズカット例

✖ ノイズが多くデータが目立たない

	D1	D2	D3	D4	D5	D6
A	0.0	0.0	0.0	0.0	0.0	0.0
B	0.0	0.0	0.0	0.0	0.0	0.0
C	0.0	0.0	0.0	0.0	0.0	0.0
D	0.0	0.0	0.0	0.0	0.0	0.0
E	0.0	0.0	0.0	0.0	0.0	0.0
F	0.0	0.0	0.0	0.0	0.0	0.0
G	0.0	0.0	0.0	0.0	0.0	0.0

〇 列の罫線は数値に間隔があれば不要

	D1	D2	D3	D4	D5	D6
A	0.0	0.0	0.0	0.0	0.0	0.0
B	0.0	0.0	0.0	0.0	0.0	0.0
C	0.0	0.0	0.0	0.0	0.0	0.0
D	0.0	0.0	0.0	0.0	0.0	0.0
E	0.0	0.0	0.0	0.0	0.0	0.0
F	0.0	0.0	0.0	0.0	0.0	0.0
G	0.0	0.0	0.0	0.0	0.0	0.0

〇 行が少なければ1行置きに色をつけても可

	D1	D2	D3	D4	D5	D6
A	0.0	0.0	0.0	0.0	0.0	0.0
B	0.0	0.0	0.0	0.0	0.0	0.0
C	0.0	0.0	0.0	0.0	0.0	0.0
D	0.0	0.0	0.0	0.0	0.0	0.0
E	0.0	0.0	0.0	0.0	0.0	0.0
F	0.0	0.0	0.0	0.0	0.0	0.0
G	0.0	0.0	0.0	0.0	0.0	0.0

〇 小さい表なら罫線はほぼなくてもOK

	D1	D2	D3	D4	D5	D6
A	0.0	0.0	0.0	0.0	0.0	0.0
B	0.0	0.0	0.0	0.0	0.0	0.0
C	0.0	0.0	0.0	0.0	0.0	0.0
D	0.0	0.0	0.0	0.0	0.0	0.0
E	0.0	0.0	0.0	0.0	0.0	0.0
F	0.0	0.0	0.0	0.0	0.0	0.0
G	0.0	0.0	0.0	0.0	0.0	0.0

要はありません。

　行が多い場合には数行ごとに仕切りの罫線を入れると見やすくなります。同様に列数が多く幅が広がる場合には、関連性のある項目をひとまとめにして、3〜4項目ごとに罫線を入れるとよいでしょう。

▸ 表のフォーカス

　表の中の着目ポイントにフォーカスを当てる場合には、まずフォーカス対象を決めてからフォーカスの当て方を決めます。まず、対象としては、項目（列）、データ（行）、特定値（セル）のどれに着目させたいのかを決めます。次に色づけや囲み、一部だけグラフやピクトグラムなどに表現スタイルを変えてインパクトを高めます。

　表の中の特定の項目、たとえば売上だけにフォーカスしたいのであれば、売上の列を色づけしたり、列を囲んで視線を集めるほか、その列だけ数値ではなく、棒グラフやピクトグラムなどにしてインパクトを高めます。表の持つ詳細データとグラフの持つ視覚効果を同時に使う方法ですが、詳細情報がノイズでないかどうかはしっかりと吟味しましょう。

　次に、特定のデータ（行）に着目させたい場合、たとえば、A店がメインの分析をしていて、A店と条件が似ている競合D店だけに着目させたい場合には、その行を色づけしたり、囲みます。

　「80億円以上」などの特定値に目を向けたいのであれば、セルに色づけするか囲みます。特定値があまりにも多すぎる場合には、囲みはうるさくなるので避けましょう。

図47 表にフォーカスを当てた例

行にフォーカスを当てる［囲み］

	D1	D2	D3	D4	D5	D6
A	0.0	0.0	0.0	0.0	0.0	0.0
B	0.0	0.0	0.0	0.0	0.0	0.0
C	0.0	0.0	0.0	0.0	0.0	0.0
D	0.0	0.0	0.0	0.0	0.0	0.0
E	**0.0**	**0.0**	**0.0**	**0.0**	**0.0**	**0.0**
F	0.0	0.0	0.0	0.0	0.0	0.0
G	0.0	0.0	0.0	0.0	0.0	0.0

行にフォーカスを当てる［色づけ］

	D1	D2	D3	D4	D5	D6
A	0.0	0.0	0.0	0.0	0.0	0.0
B	0.0	0.0	0.0	0.0	0.0	0.0
C	0.0	0.0	0.0	0.0	0.0	0.0
D	0.0	0.0	0.0	0.0	0.0	0.0
E	0.0	0.0	0.0	0.0	0.0	0.0
F	0.0	0.0	0.0	0.0	0.0	0.0
G	0.0	0.0	0.0	0.0	0.0	0.0

列にフォーカスを当てる［グラフ化］

	D1	D2	D3	D4
A	0.0	0.0	0.0	████████
B	0.0	0.0	0.0	███████
C	0.0	0.0	0.0	██████
D	0.0	0.0	0.0	█████
E	0.0	0.0	0.0	████
F	0.0	0.0	0.0	███
G	0.0	0.0	0.0	██

列にフォーカスを当てる［ピクトグラム］

	D1	D2	D3	D4
A	0.0	0.0	0.0	👤👤👤👤👤👤👤
B	0.0	0.0	0.0	👤👤👤👤👤👤
C	0.0	0.0	0.0	👤👤👤👤
D	0.0	0.0	0.0	👤👤👤
E	0.0	0.0	0.0	👤👤👤
F	0.0	0.0	0.0	👤👤
G	0.0	0.0	0.0	👤👤

CHAPTER_4　EXPRESSION　インパクトを表現する

CHAPTER_4　インパクトを表現する

04 グラフで表現する

基本の4つのグラフタイプ

　グラフはビジネス文書において、数値データを大きなインパクトで伝えるメインの方法です。インパクトが強いグラフはそれだけで、相手のアクションまでつながることがあります。平坦な表のデータを適切なグラフにすることで、メッセージに信頼性だけではなく、生々しいリアリティや、「想像以上に大きなことなのだ」という意外性を与えることができます。とはいえ、何気なく作成しているインパクトの薄いグラフが多く見られることも事実です。どうやってインパクトのあるグラフを作るのかを見ていきましょう。

　グラフタイプはメッセージを裏づけるのに合っているものを選びます。自分も相手もどう見るのか戸惑うような難しいグラフタイプをいくつも覚える必要はありませんが、「いつでも円グラフ」では、メッセージのインパクトを表現することはできません。まずは、4つのグラフタイプを覚え、それぞれのインパクトの出し方を理解した上で、複合的なグラフにチャレンジしましょう。

　基本となるグラフタイプは4つあります。連続した量を比較する「A.縦棒グラフ」、変化の推移を表す「B.折れ線グラフ」、ランキングを表す「C.横棒グラフ」、内訳を表す「D.円グラフ」です。

　各グラフの特徴や作成におけるルール、ノイズカットやフォーカス

図48 基本の4つのグラフタイプ

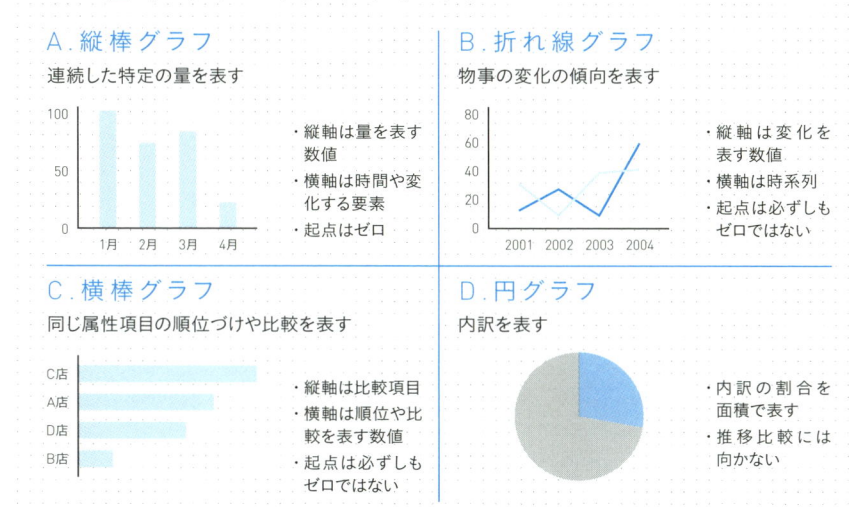

A. 縦棒グラフ
連続した特定の量を表す

- 縦軸は量を表す数値
- 横軸は時間や変化する要素
- 起点はゼロ

B. 折れ線グラフ
物事の変化の傾向を表す

- 縦軸は変化を表す数値
- 横軸は時系列
- 起点は必ずしもゼロではない

C. 横棒グラフ
同じ属性項目の順位づけや比較を表す

- 縦軸は比較項目
- 横軸は順位や比較を表す数値
- 起点は必ずしもゼロではない

D. 円グラフ
内訳を表す

- 内訳の割合を面積で表す
- 推移比較には向かない

の仕方を見ていきましょう。また、グラフは単独ではなく他のグラフと合成することでより高度なメッセージを表現することができます。基本グラフの活用を踏まえて合成してインパクトを出す方法を見ていきましょう。

A. 縦棒グラフ

縦棒グラフは連続したデータの量を表します。売上データを時系列で見せるなど最も一般的な使い方です。横軸は年月や期など連続する時間軸、縦軸は量を表す軸です。

[ルール] 起点は必ずゼロにする

棒グラフにルールなんてないように思われがちですが、縦軸の起点はゼロというルールがあります。起点をゼロ以外から始めると正確な量が把握できないからです。稀にですが、起点をゼロ以外にしているグラフを見かけますが、誤解を生みます。一方、要素間の差異や急激

図49 **縦棒グラフの起点**

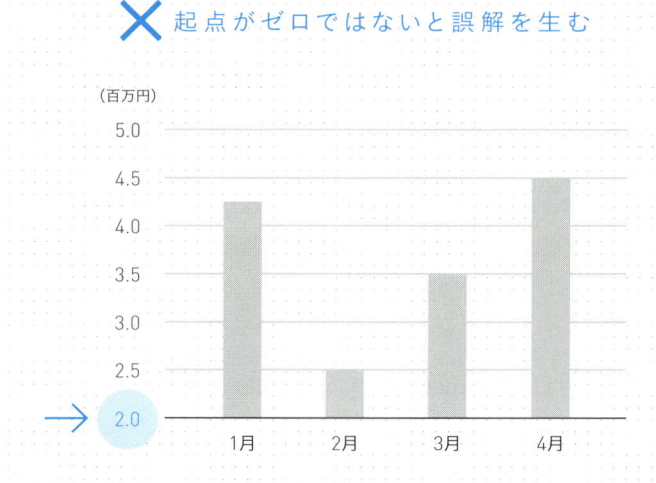

✕ 起点がゼロではないと誤解を生む

(百万円)
5.0
4.5
4.0
3.5
3.0
2.5
→ 2.0
　　1月　2月　3月　4月

な伸びを強調したいのであれば、折れ線グラフにして、起点もゼロ以外から始めて傾きが最も効果的に見える軸にすべきでしょう。

また、目盛りの間隔は馴染みのある自然な間隔にして読みとりの労力を少なくします。

- 自然な目盛り間隔：
 0、1、2、3、4、5｜0、2、4、6、8、10｜0、5、10、15、20｜0、500、1000｜
- 不自然な目盛り間隔：
 0、3、6、9、12、15｜0、4、8、12、16｜0、150、300、450、600｜

[ノイズカット] **棒を装飾しない**

縦棒グラフの棒は基本的には同じ要素を表しているので、棒ごとに色を変えたり、模様をつけてはいけません。ただし、最新の見込値は

図50 ［ノイズカット］棒の装飾

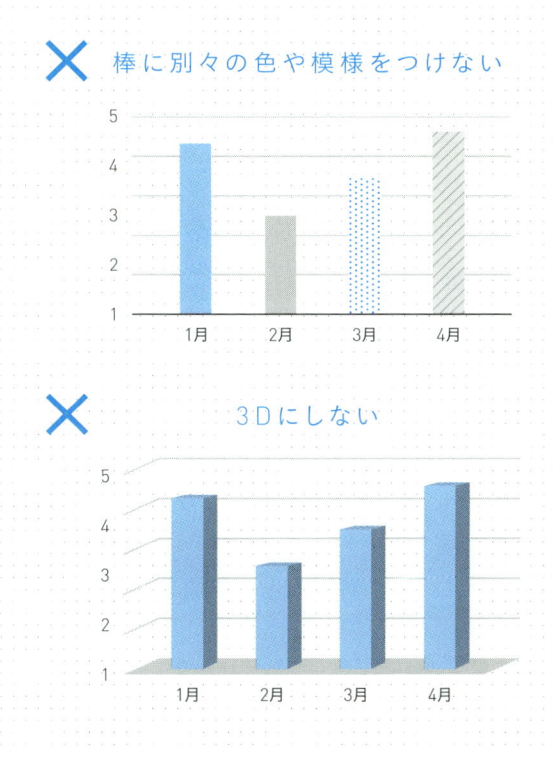

✕ 棒に別々の色や模様をつけない

✕ 3Dにしない

　それまでの実績値とは異なるという意味で、異なる色にすることは意味があります。また、棒の面積で量の比較をするものなので、3D表現は適していません。面積だけに着目すべきところに、体積の情報を含む3D表現はノイズです。
　目盛り線は薄いグレーにして目立たなくしますが、基準線（ゼロの線）だけは太くします。

［フォーカス］抜粋する期間でインパクトが決まる

　縦棒グラフは量の変化を示すことで、上昇なのか下降なのかという傾向、今後どう推移していくのかという予測、それに対してどのよう

図51 ［フォーカス］縦棒グラフの期間を変える

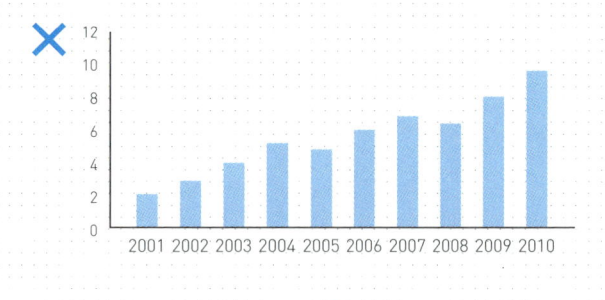

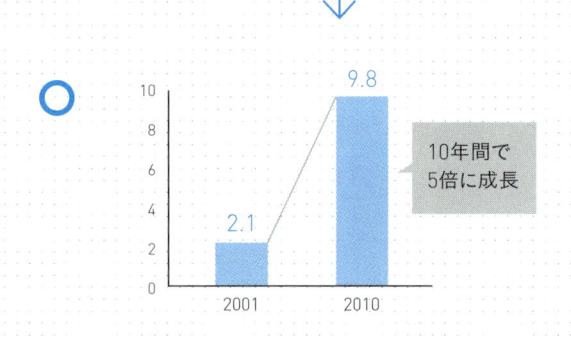

全ての年度を表示しないほうが
インパクトが出せる

✗ [2001〜2010年の全年度を表示した縦棒グラフ]

↓

○ [2001年(2.1)と2010年(9.8)のみを表示した縦棒グラフ／注記:「10年間で5倍に成長」]

なアクションをとるべきか、というメッセージを裏づけます。フォーカスの方法としては、変化している期間を効果的に抜粋することです。どの企業もそうですが、前年比だけで物事を捉えがちです。前年比だけで見たら増加していても、過去10年で見たら圧倒的に減少しているということはよくあります。ビジネス環境では多くの人が短期的な成果を上げることに追いかけられ、激しく変化する経済活動の嵐の中で、目の前のことしか見えなくなっています。それに対して、より大きな視野・視点で物事を切りとって見せることでインパクトを与えることができるのです。期間のとり方によってインパクトも意思決定も大きく変わりますので、最も傾向が表れている期間を探しましょう。

私は、このようなグラフでプレゼンテーションを行って、他部門が予算を前年より削減されているのに増加させたことがあります。

[合成と応用]
〈積上げ棒グラフ〉

　積上げ棒グラフでは、全体と内訳の量を一度に比較することができます。量の増減と、内訳の変化が密接に結びついているというメッセージのときに使いましょう。ただし、フォーカスをはっきりしないと内訳のどこに着目すべきかが分かりにくくなるので、項目数が多い場合には数をしぼり、着目すべき内訳の要素だけにフォーカスを当て

図52 [合成と応用] 棒グラフ①

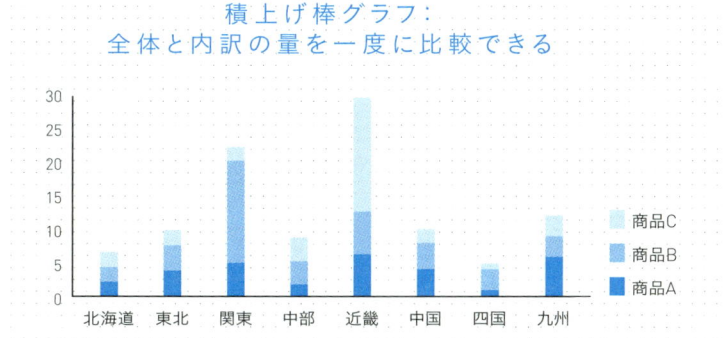

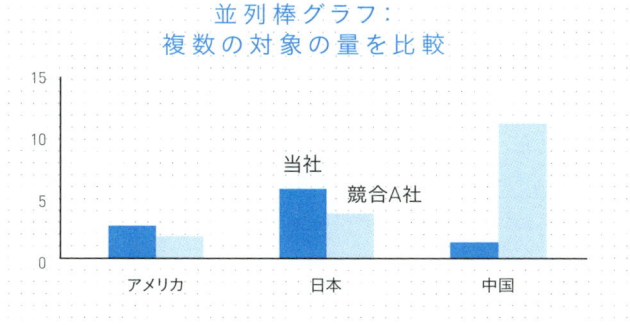

ましょう。また構成比だけに着目したい場合には、全ての棒を同じ高さにして、100％積上げ棒グラフとして構成を比較します。

〈並列棒グラフ〉

たとえばA社とB社、2社を比較する場合に使います。積上げ棒グラフは、商品別の売上など合算に意味がある場合には使えますが、A社とB社の売上は合算に意味がないので（2つを合わせて市場規模が表せるのであれば別ですが）、棒を横に並列して比較します。

〈量率グラフ〉

あまり見かけないもののインパクトが大きいグラフの1つとしてご紹介したいのが、100％積上げ棒グラフを縦軸と横軸で活用したグラフで、面積によって、量とシェアを効果的に表現するものです。たとえば各国の事業別売上データがあった場合、量の比較となると棒グラフが思いつきますが、積上げにしても並列にしても各国の売上構成や

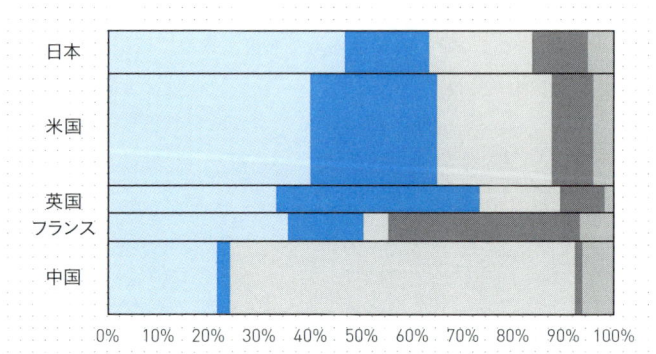

図53 [合成と応用] 棒グラフ②

量率グラフ：あまり使われないが、インパクトが大きい

各国の売上全体の比較はできません。その場合に、まず国別の事業売上構成データで100％積上げ棒グラフを作り、更にその棒の幅を、各国の売上総量の構成比に基づいて広げたり縮めたりするのです。今のところ、エクセルの標準グラフ機能では作成できないと思われます。

　量と構成の比較は非常に難しく、ともすれば円グラフが並びがちですが、複数の円が並んだ場合にその量や構成を正確に比較することはできません。量と構成比を合わせてインパクトを出したいときには、このグラフにチャレンジしてください。

〈階段グラフ〉

　ある2つの時点での内訳の量の変化を表します。前の状態にどのような数値変化があって後の状態になったかを表現します。流れるイメージから、滝グラフやウォーターフォールチャートという言い方もされます。

　数値変化を説明する際に、複数の要因が作用している場合、たとえ

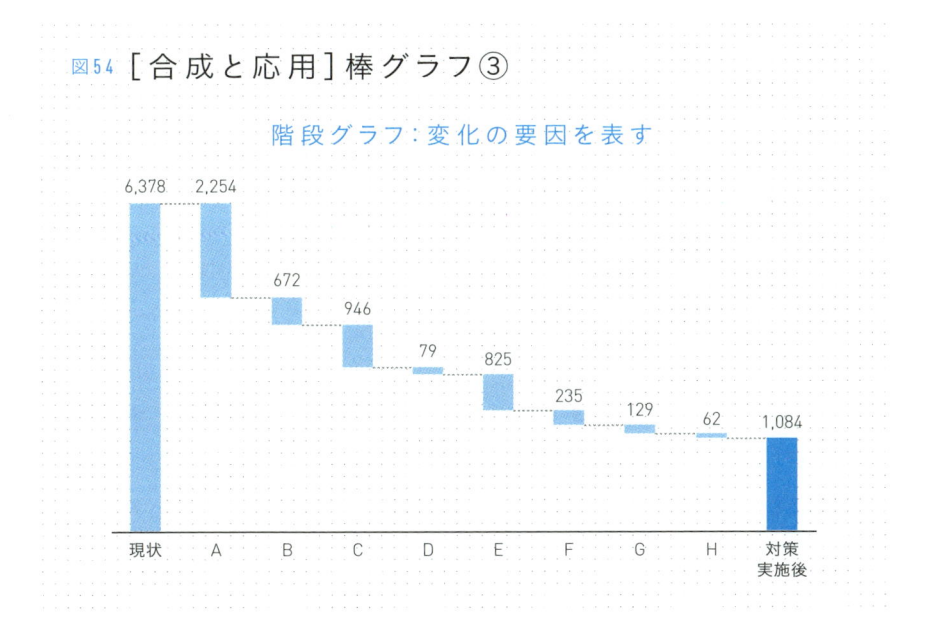

図54 ［合成と応用］棒グラフ③

階段グラフ：変化の要因を表す

現状	A	B	C	D	E	F	G	H	対策実施後
6,378	2,254	672	946	79	825	235	129	62	1,084

ば様々な施策を打っていて、どれが売上や利益にインパクトを与えたのか視覚的に表現する場合などが適しています。以前はエクセルやパワーポイントに作成する機能がなく、積上げ棒グラフを作成して、要素を横にずらして作成していましたが、最近では標準で作成できます。とてもインパクトがある表現が可能ですので、是非チャレンジしてみてください。

B. 折れ線グラフ

　変化の傾向を見せるためのグラフです。縦軸は変化を表す数値で、横軸は時系列です。棒グラフとの大きな違いは、変化の度合いを見せるためのものなので、縦軸の起点は必ずしもゼロにする必要がない点です。また、複数のデータの比較も可能です。

[ルール] 軸の目盛り設定

　縦軸の起点をゼロから始めない場合には、一番下の線を基準線ではなく、目盛り線にします。

　変化を表す線の傾きが平坦すぎてはメッセージとしてインパクトが薄れますが、目盛りを操作して極端な傾きをつけては誇張表現です。ルールとしては、折れ線の傾きがグラフの高さ全体の3分の2くらいに収まるように目盛りを設定するとよいでしょう。ただし、長期間検討するような場合には、毎回目盛りを変えてしまうと期間全体の傾向の把握ができなくなりますので、たとえばある期間の最高値と最低値が参考値として収まる範囲で目盛りを設定しましょう。

[ノイズカット] 線の傾きが際立つように不要なものをなくす

　折れ線の○や◇、△、☆などのマーカーと呼ばれる記号は、見にくくなるだけですので排除しましょう。線の色もノイズカット対象です。無彩色の明度で表現しましょう。

図55 [ルール] 縦軸目盛り線

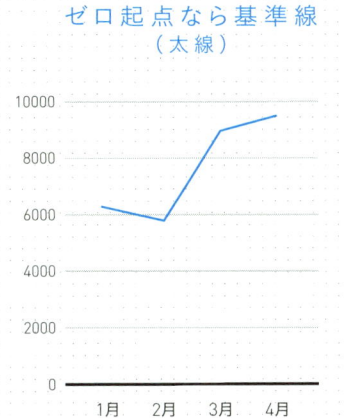

ゼロ起点なら基準線
（太線）

開始がゼロでなければ
目盛り線

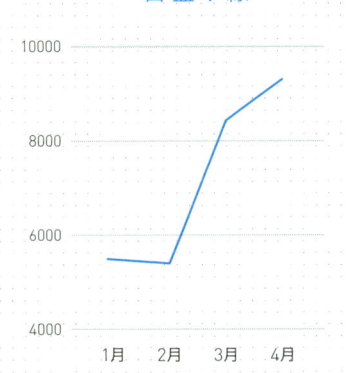

図56 [ルール] 目盛り設定

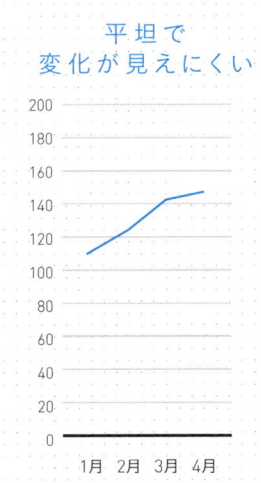

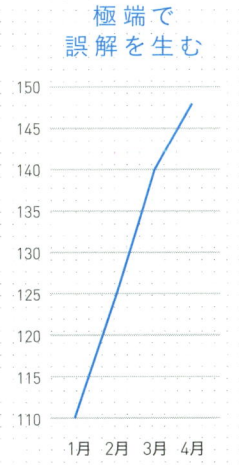

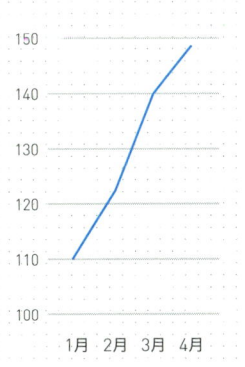

✕ 平坦で
変化が見えにくい

✕ 極端で
誤解を生む

〇 全体の3分の2に
設定

CHAPTER_4 EXPRESSION

インパクトを表現する

図57 ［ノイズカット］マーカーと色

✗ マーカーと色で見づらい

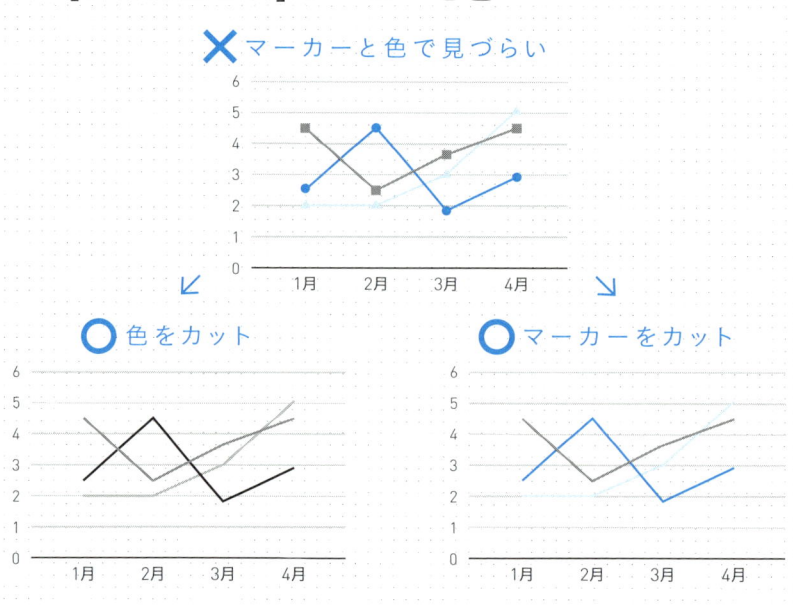

○ 色をカット　　　　　　○ マーカーをカット

図58 ［ノイズカット］折れ線の重なり

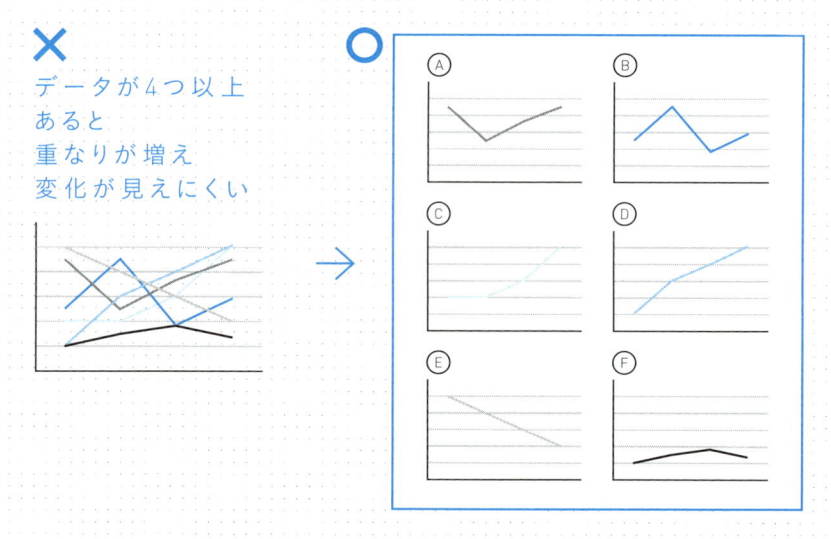

✗ データが4つ以上あると重なりが増え変化が見えにくい

○

Ⓐ Ⓑ
Ⓒ Ⓓ
Ⓔ Ⓕ

また、多くの線が重なり合った株価などの折れ線グラフは非常に見づらいものです。できれば傾きが顕著なデータだけを抜粋して、折れ線を4本以内にすべきです。もしどうしてもそれ以上のデータを比較したいのであれば、グラフを別々に作成して並列させます。重なりというノイズをなくして傾きが際立つようにしましょう。

［フォーカス］変節点と凡例

　折れ線グラフは傾きと傾きが変わった変節点によってメッセージを表現します。前述したように、傾きの強調は縦軸の目盛りの設定でコントラストを出します。変節点はグラフ内に記載します。図59では、夏と冬の温度差にフォーカスするため、月を季節の並びにし、最大になる変節点を矢印と文字で強調しています。

　折れ線グラフの凡例はできるだけなくし、線だけに視線を誘導します。そのために、グラフ中の折れ線に直接ラベルを記載しましょう。

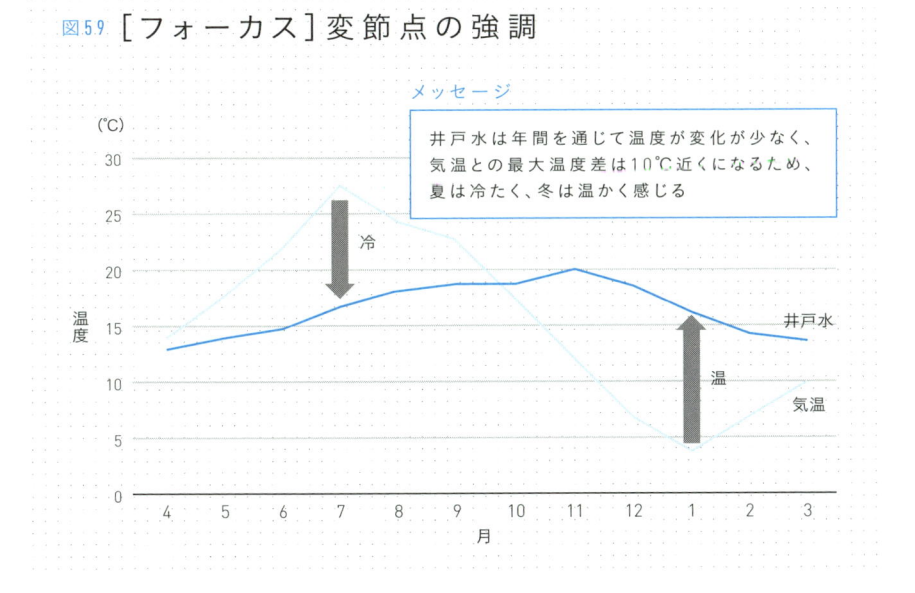

図59 ［フォーカス］変節点の強調

メッセージ
井戸水は年間を通じて温度が変化が少なく、気温との最大温度差は10℃近くになるため、夏は冷たく、冬は温かく感じる

図60 [フォーカス] 凡例とラベル

✗ 凡例とグラフが離れている　◯ 線の右側にラベルをつける

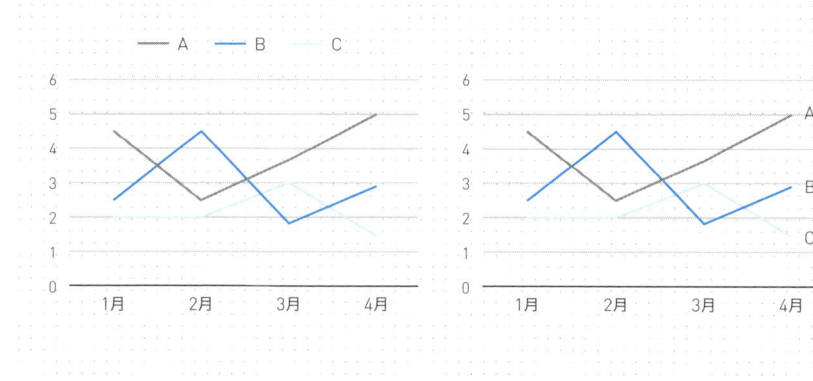

その際には、最新の地点、つまり線の右端にラベルをつけます。線の傾きを追ったあと、自然とラベルに目が行くのです。離れたところに凡例を置くと、折れ線と凡例を読む人の視線が何度も行き来するため、フォーカスを妨げます。

[合成と応用]

〈折れ線と棒グラフ〉

　異なるデータを同じグラフで比較する場合に最もよく使われます。左右の縦軸を異なる目盛りにして、売上と市場シェアとの関係、売上と株価との関係などを表現します。

　軸が左右で異なるので、軸ラベルと単位が一目で分かるように記載します。連続したデータは折れ線、個別の量は棒グラフで表現します。たとえば、シェアの伸びは折れ線、売上は棒グラフです。ただしどちらも棒グラフが適している場合には、どちらかを折れ線で表現する場合もあります。

図61 [合成と応用] 折れ線と棒グラフ

異なるデータを同じグラフで比較

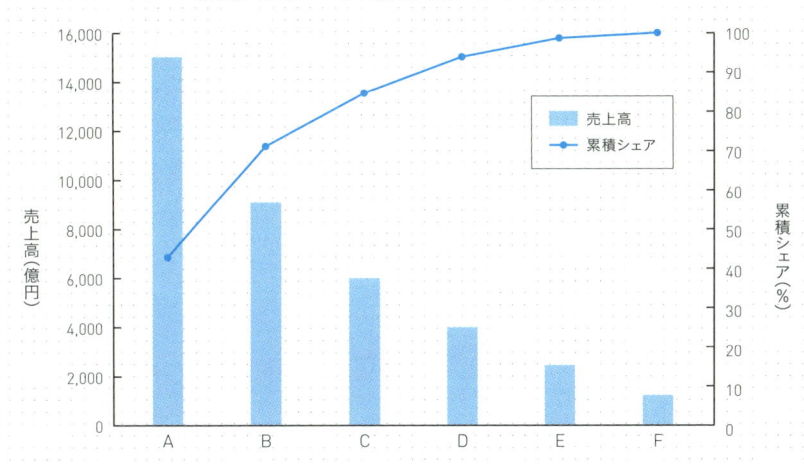

- 売上高
- 累積シェア

売上高(億円) / 累積シェア(%)

A / B / C / D / E / F

図62 [合成と応用] 面グラフ

推移と量を同時に表す

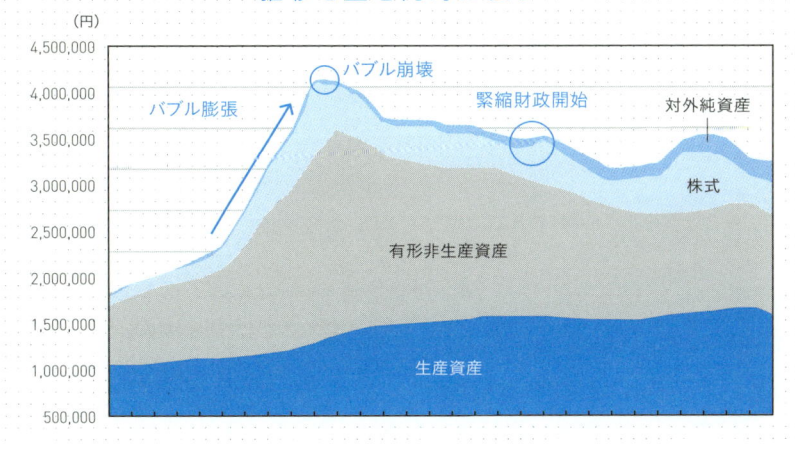

(円)

バブル膨張 → バブル崩壊　緊縮財政開始　対外純資産

株式
有形非生産資産
生産資産

CHAPTER_4 EXPRESSION

インパクトを表現する

定番となっているものとしては、値が降順にプロットされた棒グラフとその累積構成比を表す折れ線グラフを組み合わせたグラフで「パレート図」と呼ばれています。

折れ線の下部分を塗り、積み上げたものは「面グラフ」とも呼ばれます。積上げ棒グラフでも表現は可能ですが、棒グラフは「個別量の比較」であるのに対し、こちらは、「量の変化」にフォーカスする方法です。線ではなく、面で表現すると圧迫感を伴う分、ダイナミックにインパクトを伝えることができます。

C. 横棒グラフ

横棒グラフは縦棒グラフを横にしたものではありません。同じ属性のものを順位づけして見せるものです。ランキングですので、縦軸の要素の並び順に意味があります。

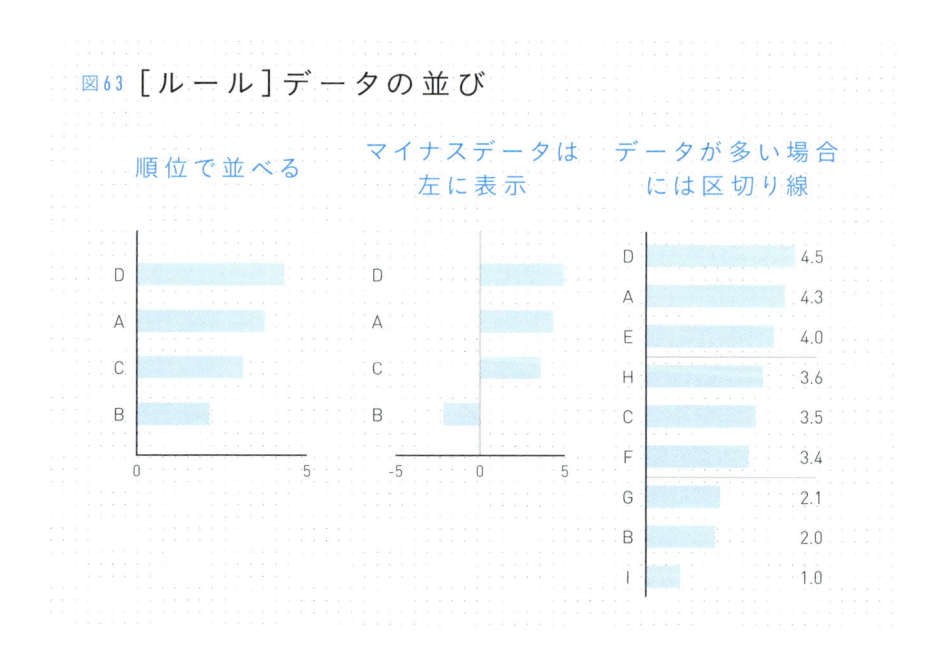

図63 [ルール]データの並び

順位で並べる / マイナスデータは左に表示 / データが多い場合には区切り線

[ルール] ランキングで並べる

　棒の並び順は、データの大小で並べます。相手が慣れているデータの並び順がある場合には、その順で出す場合もありますが基本はランキングだと考えてください。

　データにマイナスがある場合には、右側に棒を伸ばします。

　データが多い場合には、5つごとくらいに区切り線を入れましょう。

[ノイズカット] ランキングを際立たせるために目盛り線をカット

　横棒グラフは、縦棒よりもデータの比較がしにくく、その分順位に目が行くようになっています。目盛りと目盛り線はなくしましょう。その代わりに、数値は棒の右側に書き込みましょう。その場合、全て書き込まず、着目してほしいデータだけに数値を記載してもよいでしょう。

[フォーカス] どの順位に着目させるか

　ランキングでは、ナンバー1から3、ワースト1から3のどちらかに注目させるか、自分のランキングに注目をさせることになります。フォーカスの当て方は棒の色を変えたり、囲むのが一般的でしょう。

　ある就職サイトで、就活中のサイト利用者にアンケートをとった際に作成したグラフ（図66）をお見せしましょう。このランキングで伝えたかったのは、「サイト利用者に、求める要件は伝わっているが、会社や職場の情報は伝わっておらず、掲載情報に大きな問題がある」ということでしたので、このように斜めに色づけをすることでフォーカスを当てました。横棒グラフは1つのデータだけではなく、上位にランクインしている複数のデータはどういう共通項があるのかという傾向にフォーカスを当てましょう。上位、または下位の傾向を打ち出さないと単なるランキングを提示しているだけで、インパクトがありません。

図64 ［ノイズカット］目盛り線とデータラベル

目盛り線をなくし、
データラベルを一部に記載

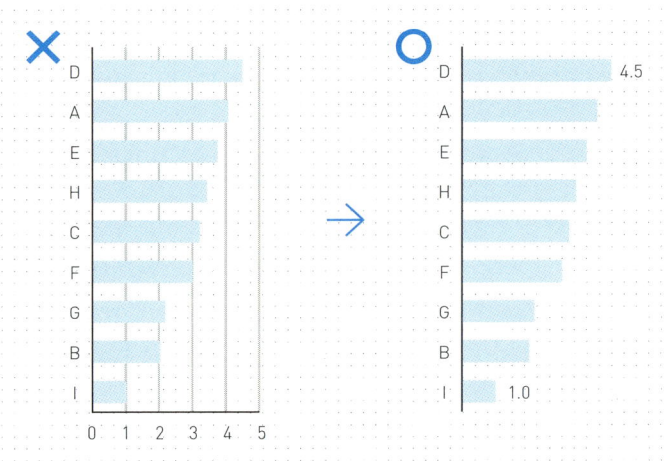

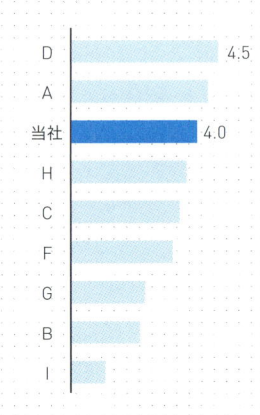

図65 ［フォーカス］データの強調

棒の色を変えてフォーカス

図66 [フォーカス]データの傾向の強調

メッセージ

サイト利用者に、求める要件は伝わっているが、会社や職場の情報は伝わっておらず、掲載情報に大きな問題がある

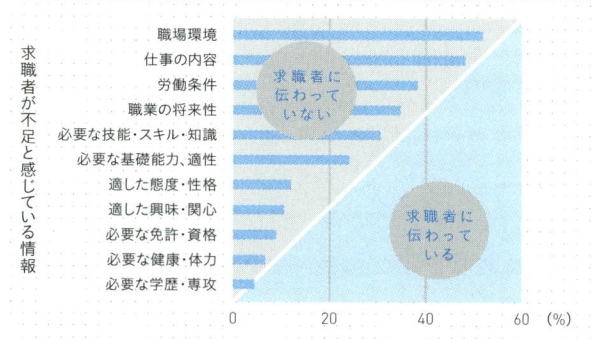

求職者が不足と感じている情報
- 職場環境
- 仕事の内容
- 労働条件
- 職業の将来性
- 必要な技能・スキル・知識
- 必要な基礎能力、適性
- 適した態度・性格
- 適した興味・関心
- 必要な免許・資格
- 必要な健康・体力
- 必要な学歴・専攻

求職者に伝わっていない

求職者に伝わっている

「不足している」と回答した求職者(学生を除く)の割合

図67 [フォーカス]マイナス値の強調

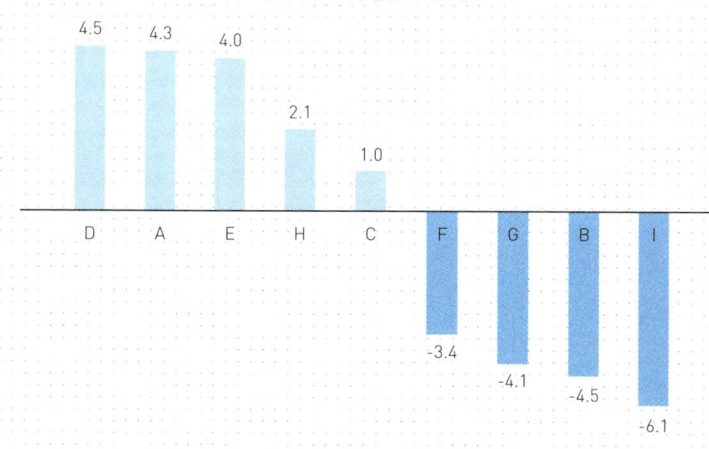

グラフを縦にする

D	A	E	H	C	F	G	B	I
4.5	4.3	4.0	2.1	1.0	-3.4	-4.1	-4.5	-6.1

CHAPTER_4 EXPRESSION

インパクトを表現する

マイナス値が多い場合は、縦にするとインパクトが増します。左右よりも上下のほうが基準線を下回るというイメージが伝わりやすいからです。マイナス値の棒を濃い色にすることで更に、ネガティブなインパクトが伝わります。

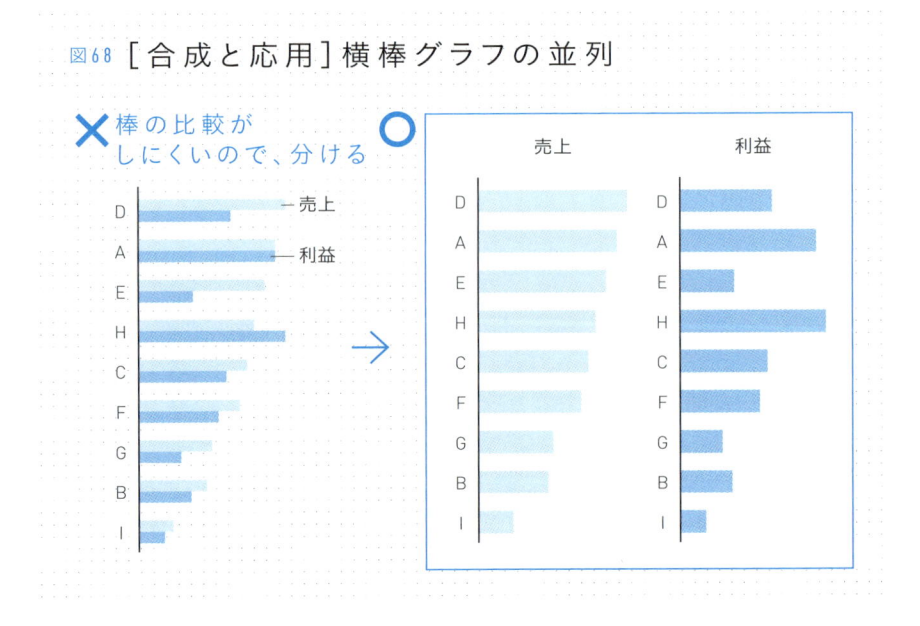

［合成と応用］
〈横棒グラフの並列〉
　横棒グラフは、棒の比較がしにくいこともあり、合成には向いていません。たとえば「売上上位の商品が利益には貢献していない」というメッセージを表現したい場合、同じ横棒グラフに、売上のランキングデータと利益のランキングデータを表現してもインパクトが出せません。この場合には、横棒グラフを2つ並列させます。

〈横棒積上げグラフ〉
　積み上げる項目が多すぎる場合には避けたほうがよいグラフですが、

図68 ［合成と応用］横棒グラフの並列

✗ 棒の比較がしにくいので、分ける

図69 [合成と応用] 積上げ横棒グラフ

少数なら積上げでも可

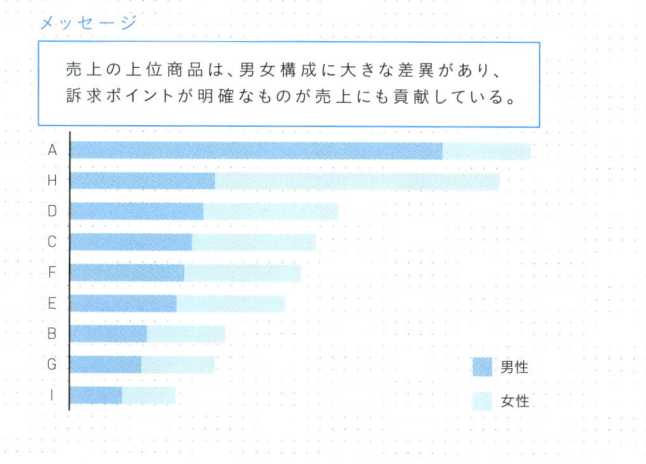

メッセージ

売上の上位商品は、男女構成に大きな差異があり、
訴求ポイントが明確なものが売上にも貢献している。

A
H
D
C
F
E
B
G
I

■男性
□女性

積み上げる項目が少なければ、インパクトが出せます。たとえばメッセージが「売上の上位商品は、男女構成に大きな差異があり、訴求ポイントが明確なものが売上にも貢献している」という場合には、「売上ランキングと男女構成比」で積上げ横棒グラフにするとよいでしょう。積上げ項目が多いのは縦棒でも横棒でも見づらいので、多くても5つ以内にとどめましょう。

› D. 円グラフ

　円グラフはデータの内訳を示すのに適しています。恐らく最も多用されるグラフの1つですが、それだけに見づらい円グラフを見て頭を抱えることが多いといえます。また、棒グラフのような長さの比較に比べて、面積や角度は比較が難しいため、複雑なデータ比較には向いておらず、使用禁止としているコンサルティングファームもあります。正しく使わないとインパクトが弱まってしまいますので、注意が必要なグラフです。

図70 円グラフと100%積上げ棒グラフの比較①

円グラフより棒グラフがわかりやすい

5段階評価における社員数の割合

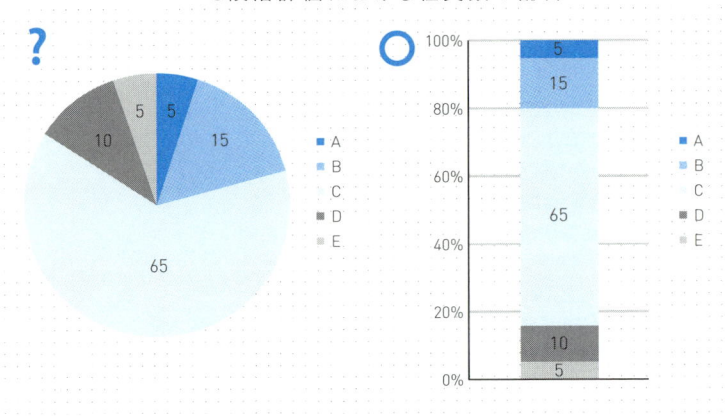

[ルール] そもそも円グラフで表現すべきか

　起点は12時の位置からですので、一番大きいデータが12時の位置から始まるようにしましょう。データの並びに意味がある場合にはその並びで構成することもあります。並びに意味がある場合とは、時系列や、たとえば5段階の人事評価で、A、B、C、D、Eの各評価の人がどれくらいいるのか、ということを表す場合です。ただし、その場合、メッセージによっては100%積上げ棒グラフや、分布図のほうが適しているかもしれません。

　たとえば、「ある事業のシェアの推移」についてメッセージで言及したい場合、シェアという言葉でつい円グラフを選んでしまうことが多いようです。この場合、メッセージはシェアの「変化」について言及しているので、変化を比較できるよう、積上げ棒グラフにするべきです。事業規模すなわち量が関係ないのであれば、100%積上げ棒グラフにしてシェアが比較できるようにすべきです。

図71 円グラフと100％積上げ棒グラフの比較②

円グラフだと「推移」が分かりづらい

? A事業比率は1996年は30％だったが、2008年現在では、76％まで拡大した

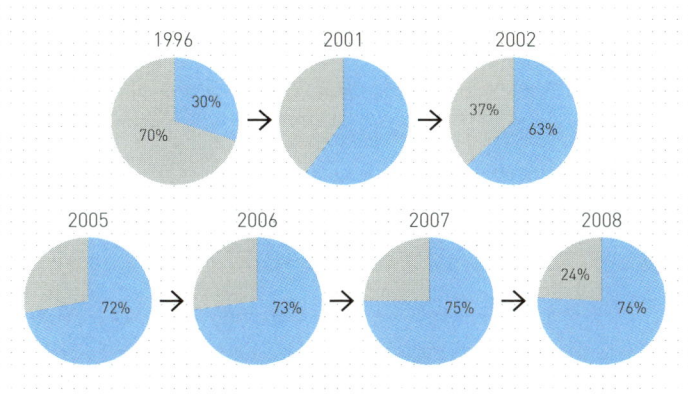

1996　　2001　　2002
30%　　　　　　37%
70%　　　　　　63%

2005　　2006　　2007　　2008
　　　　　　　　　　　　24%
72%　　73%　　75%　　76%

↓

○ A事業比率は1996年は30％だったが、2008年には76％まで拡大した

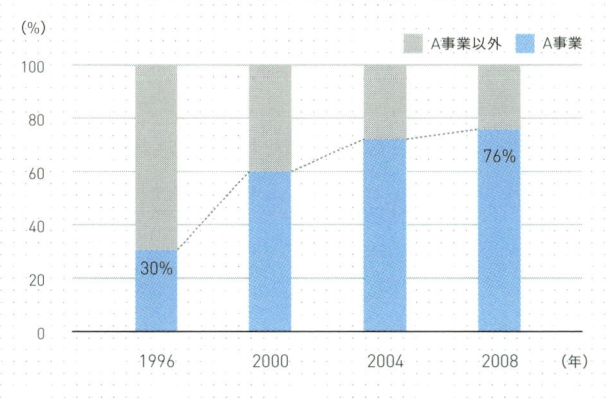

（グラフ：A事業以外／A事業、1996年30%、2008年76%）

CHAPTER_4 EXPRESSION インパクトを表現する

このように円グラフは構成比のみを表し、その他の比較をしない場合、という限定された使い方であることを覚えておいてください。

[ノイズカット] 多色と3DはNG

まず、円グラフで最もノイズになるのが色です。以前のエクセルで作成すると、まるでサーカスの玉乗りで使うようなカラフルな色の円グラフができあがりましたが、最近のバージョンではグラデーションで色数を抑えたグラフが簡単に作成できるようになっています。更にノイズカットするなら、着目すべきデータ以外は、全てグレーにしたほうがよいでしょう。

次にデータですが、全てのデータを表現するのは、やめましょう。せいぜい5つまでにし、小さい値のデータは「その他」としてまとめます。その他に含まれるデータをどうしても表現したいのであれば、その他のデータの内訳を別の積上げ棒グラフで表現しましょう。

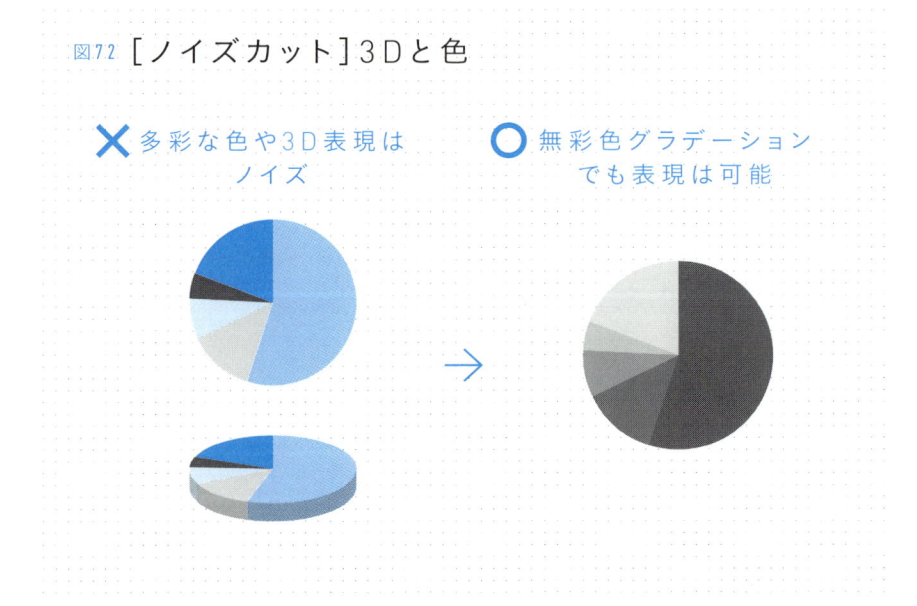

図72 [ノイズカット] 3Dと色

✗ 多彩な色や3D表現はノイズ

◯ 無彩色グラデーションでも表現は可能

図73 [ノイズカット] データ項目

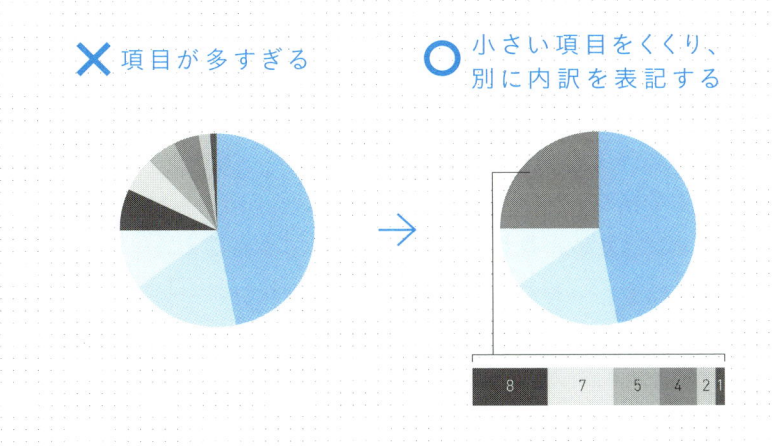

✕ 項目が多すぎる　　　　○ 小さい項目をくくり、
　　　　　　　　　　　　　 別に内訳を表記する

　どのグラフでも3D表現はやめるべきですが、円グラフはことに3D表現をやめるべきです。3Dにしてしまうと円の面積にゆがみが生じ、正確に把握できません。意味のないノイズなのでやめたほうがよい、というよりも、視認妨害になるのでやめるべきなのです。今や3Dの円グラフをやめるべきという話は、資料作成や図解の本に頻出しているため、素人っぽさを感じさせてしまうリスクさえあります。

[フォーカス] 意外性を際立たせる

　円グラフは構成比を示しますが、ある一時点でのスナップショットのため比較が難しいことは述べました。では、どうやってインパクトを出すのでしょうか？　それは見てほしいデータの構成比を際立たせることです。「思った以上に賛成が多い」など意外性を訴求していくべきでしょう。そのためにも、全てのデータを出すのではなく、「賛成」と「やや賛成」のデータをくくって、「賛成が過半数」とするなど明確にフォーカスを当てていきましょう。5つデータがあって、み

な20〜30％程度では、インパクトは出せません。

　ただし、例外もあります。たとえば、季節の花の割合を円グラフで表現したときに、冬の花の割合が25％を超えたらインパクトがあります。なぜなら、「冬に咲く花は少ない」という固定観念が多くの人の中にあるためです。他の例としては、指名買いがほとんどだと思われている商品で、実は指名買いしているのが全体の10％程度、という円グラフはインパクトがあります。

　円グラフは比較が難しい分、相手が持っているイメージとのギャップ、意外性でインパクトを出す、と覚えておいてください。

［合成と応用］
〈円グラフと積上げ棒グラフの並列〉
　比較対象が増えると円グラフは適しませんので、他のグラフとの合成も限られます。図73のような棒グラフとの並列がよいでしょう。

　棒グラフ、折れ線グラフ、横棒グラフ、円グラフという4つの活用頻度が高いグラフを見てきました。その他に大きなインパクトを与えるグラフをいくつかご紹介します。

E. 散布図とバブルチャート

　「散布図」は系列数が複数あるデータで、項目間あるいは指標間の関係性を見る場合に使います。両者に相関関係が認められる場合は、回帰線を引くことで、予測モデルを作ることができます。そのためデータを蓄積することで、予測の精度を高めることにつながります。

　散布図の点を「バブル」という大きさの異なる円で表現する「バブルチャート」は、インパクトが大きいグラフです。散布図が2つのデータ（縦軸と横軸）だけを表現しているのに対して、バブルチャートは3つのデータを3次元ではなく2次元で表現する手法です。恐らくほとんどの人は2次元の紙や画面上に、立体感を伴った表示をした

図74 散布図の例

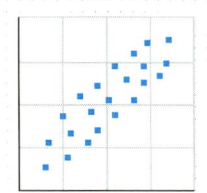

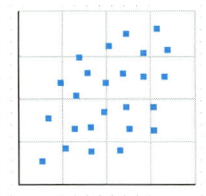

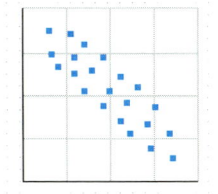

①強い正相関関係がある　②弱い正相関関係がある　③強い負相関関係がある

④弱い負相関関係がある　⑤相関関係がない

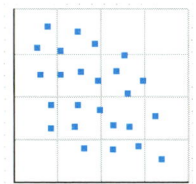

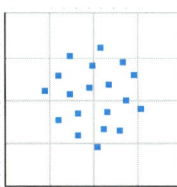

図75 バブルチャートの例

3つのデータを2次元で表せる

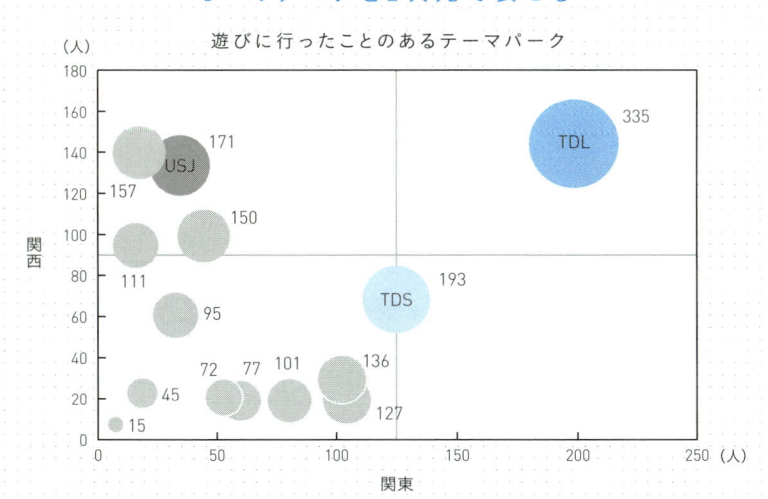

遊びに行ったことのあるテーマパーク

(人) 関西 / 関東 (人)

- TDL 335
- USJ 171
- 157
- 150
- 111
- 95
- TDS 193
- 72
- 77
- 101
- 136
- 45
- 127
- 15

CHAPTER_4　EXPRESSION

インパクトを表現する

場合に、正しく理解できる能力はありません。そういう意味でもバブルチャートは3次元のデータを2次元で表す優れた方法の1つといえます。

[ルール] 相関のあるなし

縦軸と横軸の相関があるかないかで、グラフの活用方法が変わります。相関関係が高ければ予測に使えます。相関が低ければ、各象限にプロットされたデータに対してどのようなアクションをとるべきかというメッセージを表現することになります。

[ノイズカット] バブルの数と色

不要な色など基本的なノイズカットは他のグラフと同様ですが、バブルチャートの問題点として特にあげられるのは、プロットした数が多くて、重なりが多くなると、表示が隠れてしまうことと、円の面積は視覚的に正確な比較が難しいという点です。通常の散布図はデータ数の多さが予測の正確さにつながるので多いほうが望ましいですが、バブルチャートの場合には、データをある程度しぼりましょう。

また、バブルチャートで色を多用するとかなりうるさい印象になりますので、フォーカスしたいバブル数個以外はグレーにするなど、余計な色を使わないようにしましょう。

[フォーカス] 回帰とバブルの大きさ

散布図は相関が強いのかどうかがメッセージに関わります。できるだけ回帰曲線が明確になるよう軸や目盛りを設定します。

バブルチャートは、プロットされた位置に加え、円の大きさが最も目を引きます。円が同じような大きさの場合にはフォーカスが不明確になりますので、差異の激しい別の軸を円の大きさとして設定しましょう。圧倒的な大きさ、または意外なところに配置された大きな円がメッセージを強くサポートします。

[合成と応用]

〈マトリクス〉

　厳密にはグラフではありませんが、マトリクスも散布図の仲間です。数値よりも性質に着目する図です。詳しくは「位置」を表す図の項（219ページ）で述べます。

F. レーダーチャート

　複数項目を相対的なバランスで比較でき、単なる総合順位よりもアクションにつながるインパクトが与えられます。人はへこみに対して敏感に反応し、それを埋めてバランスのとれた円にしたいという気持ちを抱きます。報酬だけが人を動かすわけではありません。自分に欠けているものが何か分かると、人は自ずとアクションをとってしまうのです。

　いくつか例（図76）をご紹介します。たとえば、部門ごとに売上、利益、業務改善、人材育成など異なる指標でレーダーチャートを作っ

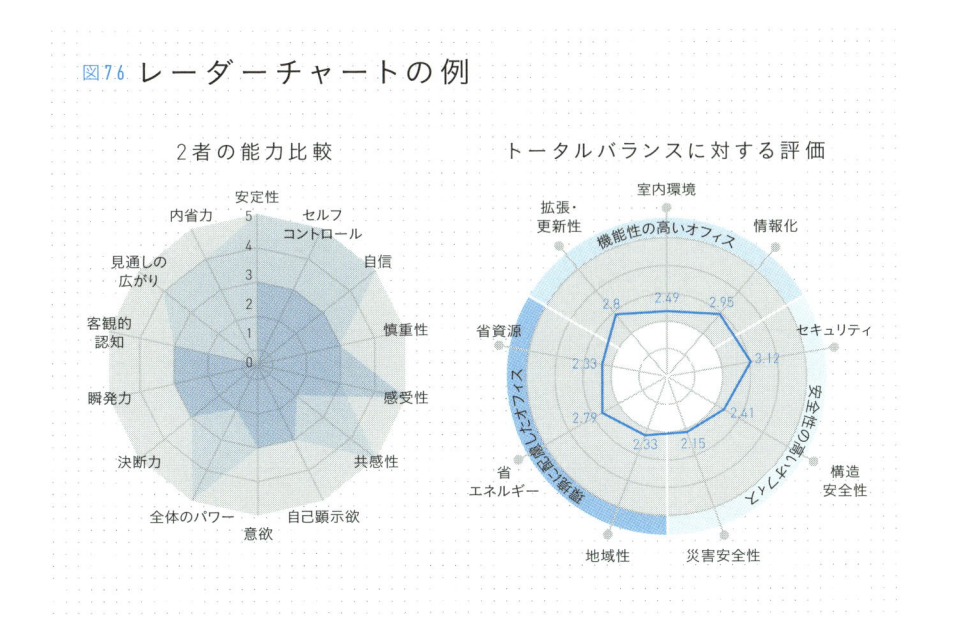

図76 レーダーチャートの例

2者の能力比較

トータルバランスに対する評価

て公開すると何も言わなくても、自律的にアクションを起こしてもらえます。

　その他に個人として身近な例としては、模擬試験の結果などをレーダーチャートで表現すると、自分の弱点が視覚的に分かり、「この科目を強化しよう」というアクションにつながるでしょう。とてもインパクトが強いので、是非一度活用することをおすすめします。

[ルール] 項目と段階の設定

　項目は異なる性質のものをバランスよく、5つ以上選びます。5つ以下だとレーダーの意味があまり出ません。項目ごとに単位が異なりますが、5〜10くらいの範囲で段階を設定して軸の目盛りにします。あるべき状態を最高点として、段階の設定を戦略的に行うことがインパクトにつながります。

[ノイズカット] 線ではなく面で表現する

　レーダーチャートは表示するデータが少なければ、線よりも面で見せたほうがよいでしょう。特に○や◇、△などのマーカーはノイズになります。円、もしくは正五角形や正六角形という正規の形との差異を視覚的に感じさせるのが目的なので、数値の正確性よりは形がどのようになっているのかが分かるようにマーカーはなくしましょう。

　また折れ線グラフのときと同様、重ねるデータが4つ以上あると非常に見づらくなるため、別々のグラフを並列し、形を比較できるようにしましょう。

[フォーカス] 面の形でバランスを伝える

　レーダーチャートの醍醐味は、バランスを視覚的に表現できることです。へこみをいかに印象的に見せるか、もしくは左右に別の性質の項目を配置してバランスがいかに悪いかが見えるように軸の並びや段階の設定でフォーカスします。

レーダーチャートは、企業や部門のパフォーマンスや個人の成績、スキルなどを表現するのにとても向いています。あるべき姿を完全形として示しているグラフなので、へこみは「ここを埋めてください」という強いインパクトのあるメッセージです。印象的なへこみを作りましょう。他のグラフと異なり軸の目盛りが恣意的になるため、人によっては、「項目設定や段階の基準値に問題がある」と考える人もいるので、その場合には「あくまでも相対的な参考値」と断りを入れましょう。もともとビジネスには絶対値はありません。

› メッセージからグラフを選ぶ

　各グラフのフォーカスのところで触れましたが、基本的にはメッセージによって最適なグラフは決まります。一口に「構成」を表現するといっても、ある一時点での構成に意外性があるのなら円グラフ、構成ががらりと変わったこと、つまり変化を訴求したいなら構成の変化を比較する積上げ棒グラフ、それも構成の変化だけを訴求したいのなら100％積上げ棒グラフというふうに、メッセージの訴求ポイントによって選ぶグラフは変わります。

　インパクトがあるグラフを作成するには、メッセージや数値の見せどころはどこなのかをしっかりと見極める必要があります。とはいえ、その都度最適なグラフタイプを1から考えるのは時間もかかりますので、自分がぱっと見て理解できた視認性の高いインパクトのあるグラフをストックしておくことをおすすめします。

　本章で紹介した基本グラフ、応用グラフ、合成グラフも活用してみてください。作成してみるとどんなメッセージの表現に向いているかが分かってきます。

CHAPTER_4. インパクトを表現する

05 図で表現する

› そもそも図とは何か？

「図」は数値以外の定性的な情報や概念を整理して表現するのに最も適した方法ですが、そもそも図とは何でしょうか？ 英語では、グラフも図もチャートと呼ばれますが、数値を表現したチャートがグラフ、概念を表現したチャートが図ということになります。図とは何かを定義すると以下のようになります。

図とは、概念の構成要素を抽出して形にし、その関係性を示したもの。

まず「概念の構成要素を抽出したもの」ですから、テキストの横に描かれているイラストやイメージ画像は、図ではありません。また、構成要素が抽出されていたとしても「関係性を示したもの」でなければ、図には当たりません。箇条書きで3つの要素をピックアップしてもそれを単に並べただけならば、まだ図とはいえないでしょう。その3つを、たとえば三角形で階層にして表現したり、あるいは3つの四角形を左から右へ並べて矢印で手順を表したり、何らかの関係性を表現すると、それは図といえます。

メッセージや情報などの概念を構成要素の形と配置で表現する図は、複雑なものを極めて単純明快にして伝えることができる優れた表現方法なのです。

› 図が分かりにくい3大理由

　図で表すと理解が促進されるはずなのですが、残念ながら世の中には分かりにくい図も多く存在しています。分かりにくい理由を知ることは、分かりやすさにつながるので、なぜ分かりにくいのかを分析してみましょう。重症度順で見ていきます。

› [重症レベル] 図になっていない

　重症レベルの人は、レベル感や異なる性質の情報を適当な図形オブジェクトを選び、関係性を無視して配置してしまいます。それは図の体をなしておらず、相手がメッセージを読みとる以前にそもそも何が書かれているのか理解するのに苦しむ重症レベルです。

　図77を見てください。「よく見かけるような図だけど何か問題が？」と思われた方は、注意して各図形の中に書かれている情報の内

図77 重症レベルの図

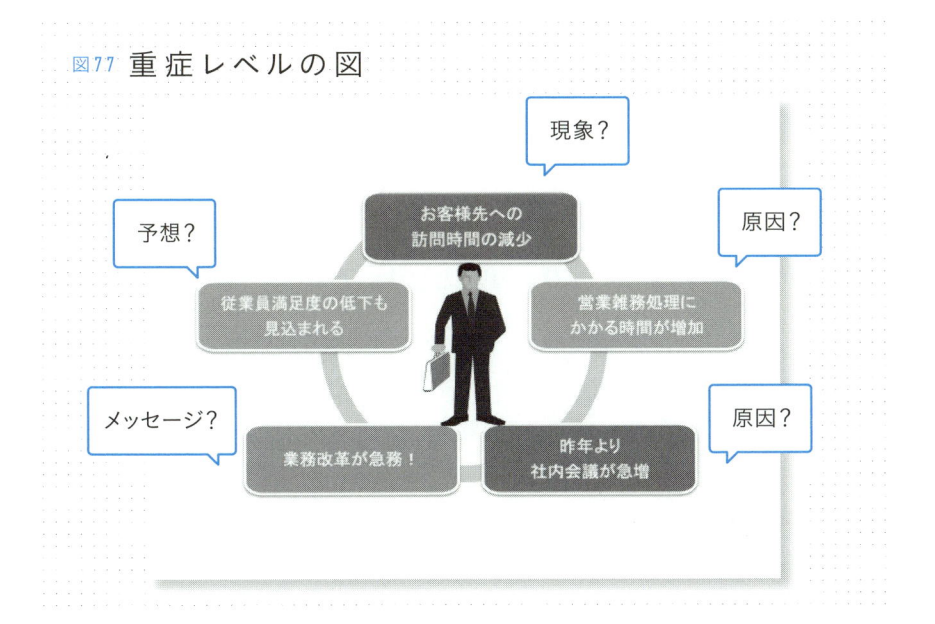

現象？
予想？
原因？
お客様先への訪問時間の減少
従業員満足度の低下も見込まれる
営業雑務処理にかかる時間が増加
メッセージ？
業務改革が急務！
昨年より社内会議が急増
原因？

容を見てください。

　よく見ると、現象、原因、予想などバラバラなものが無秩序に並んでいるのに気がつきませんか？　これは図ではなく、思いつきで情報を適当な図形に当てはめて配置したものです。

　図を用いても、物事が理解できるように示されていなければ、それこそ単なるお絵描きです。パワーポイントやキーノートによって、とても簡単に図らしきものが量産できるようになりました。新人でもパワーポイントの研修を受けるとすぐに一見それらしい資料が作成できますし、本人の満足感も大きいようですが、説明させると要領を得ません。メッセージや情報がきちんと表現できるようになるには、図とは何かを理解した上で考え抜くことが必要なのです。

対処法　→　「図を作成する基本アプローチ」を理解しましょう (211 ページへ)

› [軽症レベル] 図が冗長で複雑

　図解表現の基本ルールは理解しているため、重症レベルの図（らしきもの）を作成することはないものの、なぜか冗長・複雑な図を作成してしまう人がいます。情報のレベル感は揃っているし、意味のない配置をしてしまっているわけでもないのに、なぜか分かりにくいという場合です。「よくこんな複雑な図を作れたね」と周りに言わしめるほどの力作だったりしますが、インパクトは今ひとつ、というケースです。

　原因は、図タイプの選び方を間違えているか、1つの図で全てを表現しようとしているためです。1つの図で表現しようとすると何が起きるかといえば、同じ情報が何度も出てきて冗長になるほか、色、線、アニメーションなど形と位置以外の手段を多用することになり、結果

図78 図の選び方を間違えた例

✗ 「担当者」と「やること」が混在している

Step1 予算申請	Step2 予算承認	Step3 予算管理
各社員が必予算をとりまとめて申請フォームに記載 部門長がとりまとめて部門として優先順位をつけて提出 部門長はCFOに対してプレゼンテーションを行う	CFOは全ての申請に対して、部門横断でとりまとめて確定し、承認する 部門長は配賦された予算を確認し、問題がある場合は再提出する CFOは再提出予算を再検討し、最終予算を確定し、部門長に通達する	各社員は予算使用後に報告書を部門長に報告 部門長は予算利用状況をとりまとめ、予実レポートを作成し、四半期ごとに提出する CFOは予実を確認し、次四半期予算の割り当ての参考とする

↓

○ プロセスマップで整理

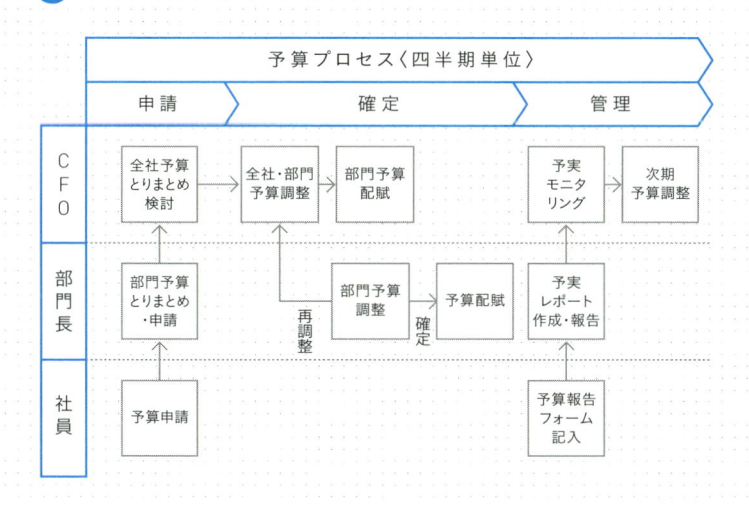

予算プロセス〈四半期単位〉

	申請	確定	管理
CFO	全社予算とりまとめ検討	全社・部門予算調整 → 部門予算配賦	予実モニタリング → 次期予算調整
部門長	部門予算とりまとめ・申請	再調整 / 部門予算調整 → 確定 → 予算配賦	予実レポート作成・報告
社員	予算申請		予算報告フォーム記入

として複雑になります。

　図78は、手順タイプの図ですが、よく見ると、同じ人物が何度も登場します。この場合には登場人物は縦軸に配置したほうが、同じ人名（部門長、CFO）が何度も登場するのを防げます。また、伝えたいことは予算申請・承認・管理の手順、つまり、より詳細なプロセスです。大きなステップを表すホームベース型のブロック矢印で意味なくくくっても、具体的にどんなプロセスで進めるのかが伝わりません。

　改善例は「プロセスマップ」という図ですが、知らないと自分で作るのは難しいでしょう。図には先人の知恵によって情報の整理機能に優れ、洗練されたデザイン性の高いものがたくさんあります。様々な図解表現をストックしましょう。

　表現したいものが複雑になると、図も一筋縄ではいかなくなります。グラフの項で出てきたように、図を合成したり応用したりすることが必要になるのです。こちらも自分で思いつくのは至難の業ですので、良い図をたくさん見ていくとともに、複雑・冗長だと自分で感じたときにどうするかという対応を学びましょう。

対処法　→　「図の応用と合成」を知りましょう（232ページへ）

› [改善レベル] 何となく素人っぽい

　情報も整理され、図のタイプ選定も間違えていないというのは、図解においてまずは治療が必要なレベルではなくなっています。なのに、何となく見づらい、素人っぽさを感じる場合には、図としての見やすさ＝視認性を改善すべきです。

　図は表やグラフに比べると、レイアウトが固定的ではなく、多様なバリエーションがあるため、どの形とどの形の関係性が近いのか、どの形が重要なのかが分かるように視線を誘導しなくてはならないのです。視認性を高めるには視覚効果の法則をいくつか知る必要があります。法則というと難しそうですが、法則を理解すれば簡単に実践可能

です。何気なく描かれているようなシンプルなデザインは、実は計算され尽くしたものがほとんどです。

対処法　→　「図の視認性を高める3つの法則」を知りましょう（235ページへ）

図を作成する基本アプローチ

　図の作成手順は、「体系化」→「表現要素の抽出・定義」→「関係性設定」→「作成」といった4つのステップです。

ステップ1　メッセージの体系化

　ステップ1の「体系化」では、「メインメッセージは何？」「サブメッセージは？」「キーコンセプトは？」「主要なキーワードは？」といった内容が明らかになるよう情報を体系化します。具体的には、ピラミッドで体系化します。第3章では、資料全体のメッセージをピラミッド化しましたが、ここでは図で表現するメッセージやサブメッ

図79　図を作成する4つのステップ

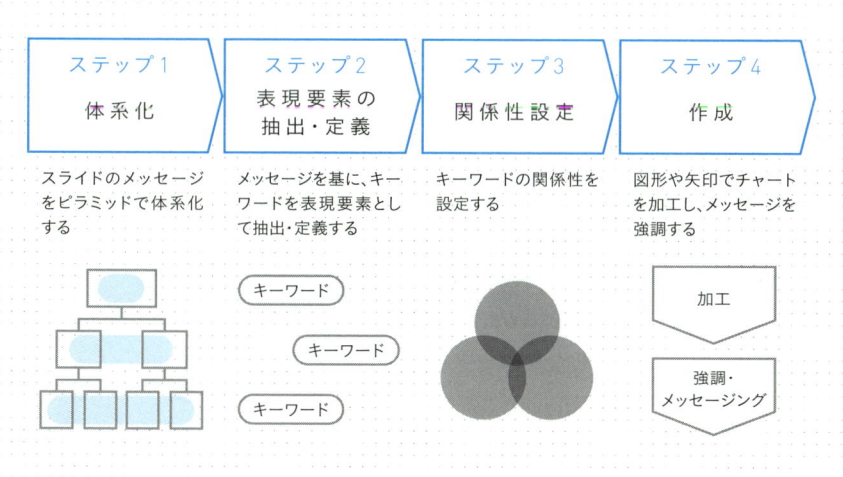

ステップ1	ステップ2	ステップ3	ステップ4
体系化	表現要素の抽出・定義	関係性設定	作成
スライドのメッセージをピラミッドで体系化する	メッセージを基に、キーワードを表現要素として抽出・定義する	キーワードの関係性を設定する	図形や矢印でチャートを加工し、メッセージを強調する

セージをピラミッド化します。

ステップ2　表現要素の抽出・定義

　ピラミッドでまとめたメッセージや情報をそのまま図にしてしまうと、長方形の中に長文が入るなど、見づらい図になってしまうので、簡潔に表現するため、「表現要素の抽出・定義」を行います。まず、メインメッセージ、サブメッセージを基に、キーワードの抽出を行います。また、「アナロジー化」といって、必要に応じて、キーワードを類似の特徴を持つ別の言葉で定義づけます。平たくいうと比喩を考えるということです。

　メッセージを端的に表現するのにぴったりのキーワードは何か、何にたとえたら分かりやすくなるかを考え、なるべく短くやさしい表現要素を抽出・定義するようにします。

ステップ3　関係性設定

　キーワードやアナロジーが決まったら、「関係性設定」を行います。たとえば、キーワードはすべて同列なのか、あるいは何らかの序列があるのか、時系列で並べるのか、など様々な角度から関係性を考えていくのです。

　関係性を考える場合、意識するのが「ユニット」です。ユニットとは、「意味のあるまとまり」のことをいいます。このユニットがいくつになるのかを決めます。ユニットを洗い出す作業は構造化に等しく、覚えやすさやレベル感の統一が重要になります。いわゆる「マジックナンバー」も考慮に入れる必要があります。

　マジックナンバーとは、「マジックナンバー7±2」と表現されることが多いのですが、人間の情報処理能力として、5から9の数値や情報が記憶しやすいというものです。それ以上にユニットが増えた場合には、いくつかをまとめてくくり直します。強いインパクトを与え

図80 ステップ3　関係性設定

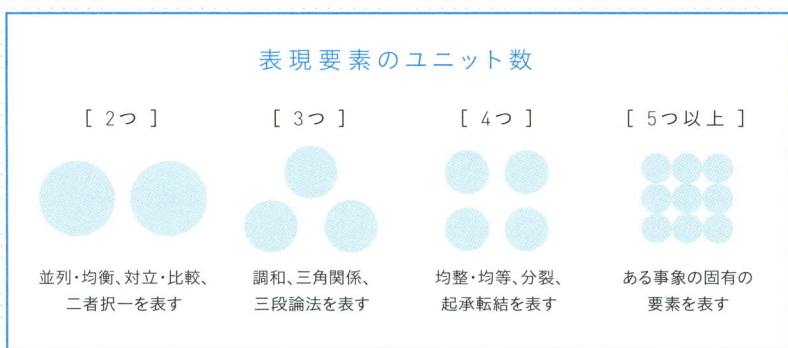

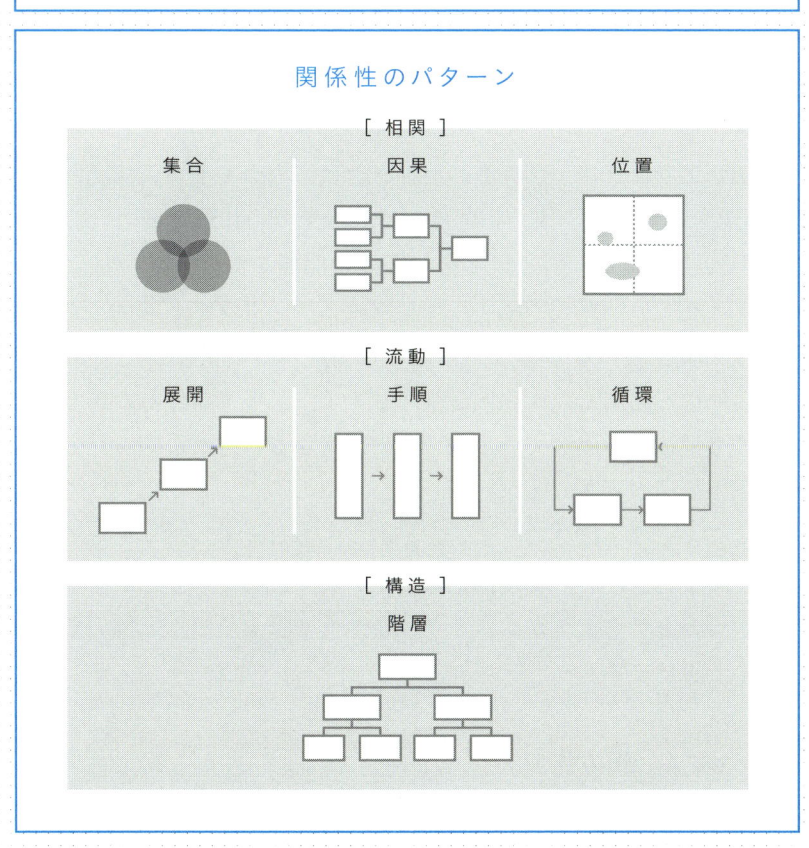

表現要素のユニット数

[2つ]
並列・均衡、対立・比較、二者択一を表す

[3つ]
調和、三角関係、三段論法を表す

[4つ]
均整・均等、分裂、起承転結を表す

[5つ以上]
ある事象の固有の要素を表す

関係性のパターン

[相関]
集合　　因果　　位置

[流動]
展開　　手順　　循環

[構造]
階層

CHAPTER_4　EXPRESSION　インパクトを表現する

るには、これより少ない「マジックナンバー4±1」が効果的といわれています。ユニットを3〜5つまでにしぼることでリズムが生まれ、流れが作りやすくなります。

　典型的なユニットは、2〜4つ。2つのユニットは、主に、並列・均衡、対立・比較、二者択一などを表します。3つは、調和や三角関係、三段論法などを表します。4つは、均整・均等、分裂、起承転結などを表します。5つ以上になると分かりやすさという点ではやや厳しいのですが、たとえばマッキンゼーのフレームワーク「7S（Strategy, Structure, System, Shared value, Style, Staff, Skill）」のようにSという頭文字の共通項や、本書でも紹介している「SUCCESs」のような略称があると記憶しやすいでしょう。

　ユニットを洗い出したら、関係性のパターンとしてどれを用いたら適切かを考えます。関係性のパターンは、大きく3つ「相関」「流動」「構造」に分かれます。相関はある一時点での状態を表し、流動は物事の変化を表し、構造は階層など縦の関係を表します。抽出したユニットをどの関係性で示すのかを決めます。グラフと同様、表現したい情報が複雑になると2つの関係性を組み合わせることもあります。各関係性を活用した図の例を後述しますが、多くの優れた図をどの関係性を使って作成しているのかという観点で分析しながら見ると図の作成の能力が高まります。

　ここまでは手描きですることをおすすめします。パワーポイントを使っても、丸がいいか楕円がよいかなど本質的ではないところで引っかかってしまいますから、まずはノートや紙上で色々と描いてみるとよいと思います。

ステップ4　図の作成

　ようやく「作成」ですが、表現要素の内容によって、用いる「型」がある程度決まります。たとえば「プロセス」のような具体性の高い

概念や「会社」のような実存する組織は、通常長方形で表します。「価値観」のような抽象的な概念や「顧客」や「市場」といった概念的な集合の場合は、長方形より楕円形を選びます。三角形は、上下関係やヒエラルキーがあるものによく用いられます。ドラム形は、インフラや土台、基盤、データベース、箱矢印はステップやプロセスの表現によく用いられます。

「矢印」や「線」の使い方も、図形と同様、一定のルールがあります。細かく見ていきますと、白抜きの面矢印は、ビフォー・アフターのように変化の前後を表すような場合によく用いられます。同じ面矢印でも黒塗りにすると、AがBに影響を及ぼすといった因果関係を表す場合に使われます。三角矢印は、四角が並んでいて、その間を小さな三角矢印でつないで、単純作業のプロセスを表現する場合に用いられます。線は、形と形を結んで関係性を示しますが、実線で結ぶ場合は実質的／継続的な交流関係、点線は部分的／一時的な関係を示します。

図81 形と矢印・線の特徴

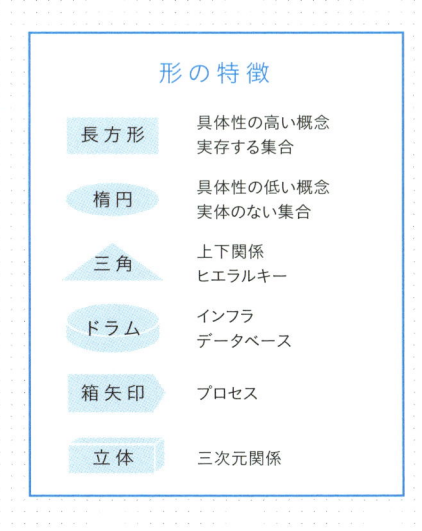

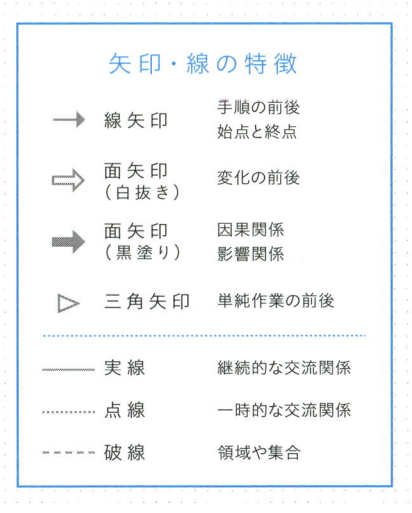

形の特徴	
長方形	具体性の高い概念／実存する集合
楕円	具体性の低い概念／実体のない集合
三角	上下関係／ヒエラルキー
ドラム	インフラ／データベース
箱矢印	プロセス
立体	三次元関係

矢印・線の特徴	
→ 線矢印	手順の前後／始点と終点
⇒ 面矢印（白抜き）	変化の前後
▶ 面矢印（黒塗り）	因果関係／影響関係
▷ 三角矢印	単純作業の前後
── 実線	継続的な交流関係
……… 点線	一時的な交流関係
---- 破線	領域や集合

CHAPTER_4 EXPRESSION インパクトを表現する

矢印や線の場合は、実際にはそこまで意識して使われていないことも多く、一概にこうでなければならないというものではないのですが、このようなルールがあることは覚えておくとよいでしょう。

　では、選ぶ形や線はどのように決めたらよいのでしょうか？　それはメッセージとストーリーによって決まります。たとえば、同じ「顧客」を表す場合でも伝えたいことによって形は変わってきます。概念として、顧客の集合を表す場合は楕円形を用います。顧客を分類してプロモーションを仕掛けていくといったことを表すのであれば、マトリクスを用います。顧客にヒエラルキーがあって、プレミアム会員がいたり、一般会員がいたりと何階層かに分かれている場合は、三角形を横に区切って階層を表すこともあります。こうすると、同じ顧客であってもイメージがずいぶん違ってくることが分かると思います。

›関係性ごとの図の例

　関係性のパターンごとに図の例を紹介します。見たことのないものを作成するのは難しいので、できるだけ図の引き出しを増やしましょう。

集合

- 並列

　互いに独立したユニットの関係性を表現します。対等関係、放射型、対立関係などのパターンがあります。

- 包含

　ユニットが他のユニットの概念に含まれるという関係性を表します。重複が一部の重なりであるのに対し、全てが含まれる場合です。

- 重複

図82 「顧客」の図の表現パターンの例

顧客の「集合」を表す

優良顧客 / リピート顧客 / トライアル顧客 / 潜在顧客

顧客の「ヒエラルキー」を表す

プレミアム会員
正会員
一般顧客

顧客の「分類」を表す

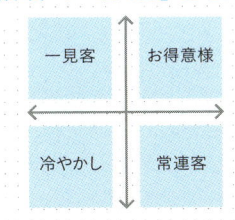

一見客	お得意様
冷やかし	常連客

図83 並列

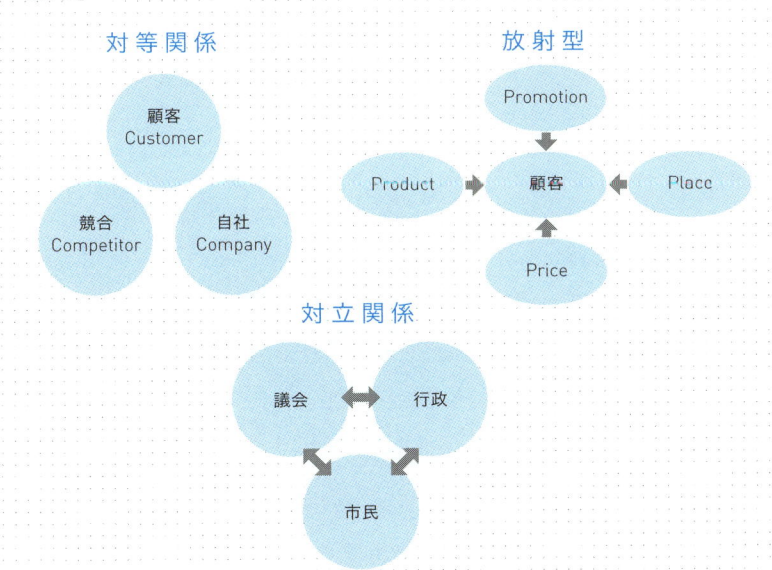

対等関係

顧客 Customer
競合 Competitor
自社 Company

放射型

Promotion
Product → 顧客 ← Place
Price

対立関係

議会 ⇔ 行政
　↕　　　↕
　　市民

図84 包含と重複

包含

- インターネット
  - エクストラネット
    - イントラネット

重複

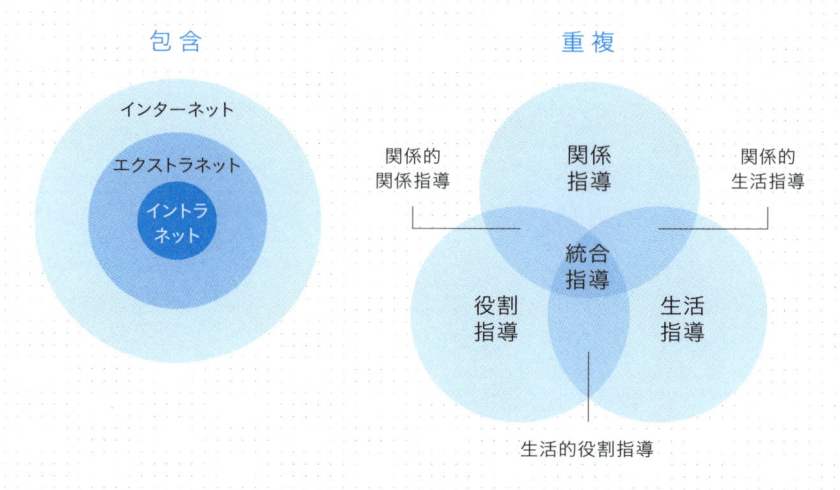

- 関係指導
- 役割指導
- 生活指導
- 統合指導
- 関係的関係指導
- 関係的生活指導
- 生活的役割指導

図85 包含と重複の合成

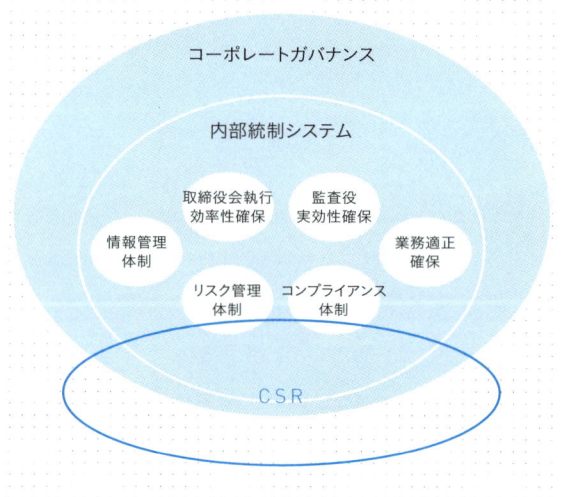

- コーポレートガバナンス
  - 内部統制システム
    - 取締役会執行効率性確保
    - 監査役実効性確保
    - 情報管理体制
    - 業務適正確保
    - リスク管理体制
    - コンプライアンス体制
  - CSR

円と重なる部分で、集合と部分集合を表現したもので「ベン図」と呼ばれます。4つになると楕円で重ねますが、複雑になりがちなので、2〜3つのユニットの関係性を表すのに用いたほうがよいでしょう。

因果

● 発散・収束

「ロジックツリー」が代表例で、原因や問題を詳細な構成要素にツリー構造で分解し、解決策発見のために使います。

「フィッシュボーン」(特性要因図)はある問題や課題に対して影響を及ぼしている要因を体系的にまとめる図です。要因分析したいユニットを背骨にあたる線の右側に配置し、分析の切り口を大骨として、様々な要因を小骨として配置していきます。

位置

● マトリクス

象限と呼ばれるレイアウトに形や情報を配置してポジショニングを表す図で、マトリクスと呼ばれます。作り方としては軸を2つ交差させ、各軸を2〜3分割することで4〜9つの象限を作成してマッピングします。数値データで作成したバブルチャートも仲間の1つです。「意外性」の項で使ったSWOT分析もマトリクスです。マトリクスの中には、アンゾフの「成長マトリクス」やBCGの「PPM(プロダクト・ポートフォリオ・マネジメント)」などフレームワークとして定着して活用されているものもあります。優れたマトリクスは示唆に富んだインパクトを表現できます。マーケティング領域では顧客、商品、市場、店舗などをマトリクスで表現できることは必須スキルでしょう。

図87は、変革プロジェクトで多数の利害関係者をマッピングし、コミュニケーション計画を立てるためのマトリクスです。変革に対し

図86 発散・収束

ロジックツリー：原因や問題を分解する

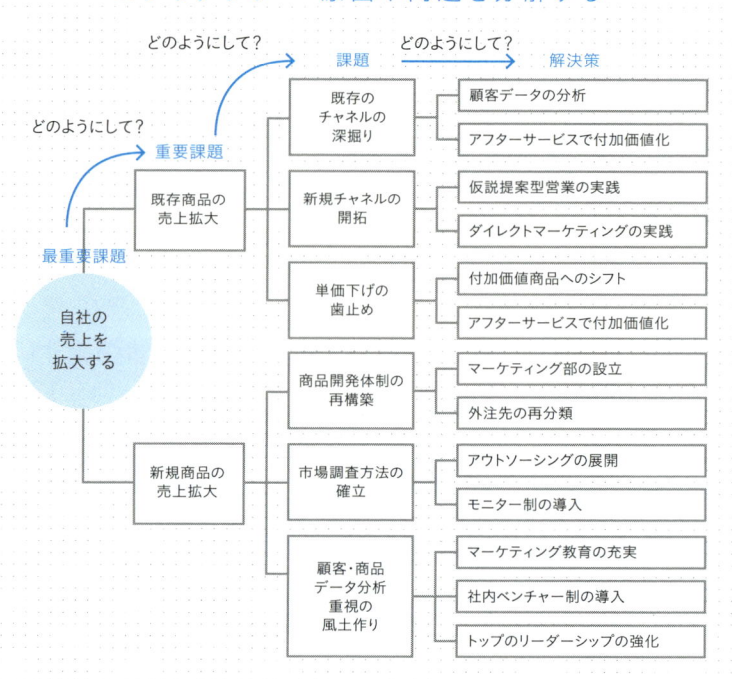

```
                どのようにして？    課題  どのようにして？  解決策
                                              ┌─ 顧客データの分析
                                 ┌─ 既存のチャネルの深掘り ─┤
                                 │            └─ アフターサービスで付加価値化
        どのようにして？           │            ┌─ 仮説提案型営業の実践
          → 重要課題               │            │
          既存商品の ──────────────┼─ 新規チャネルの開拓 ─┤
          売上拡大                 │            └─ ダイレクトマーケティングの実践
  最重要課題                       │            ┌─ 付加価値商品へのシフト
  自社の                           └─ 単価下げの歯止め ─┤
  売上を                                        └─ アフターサービスで付加価値化
  拡大する                                      ┌─ マーケティング部の設立
                                 ┌─ 商品開発体制の再構築 ─┤
                                 │            └─ 外注先の再分類
          新規商品の               │            ┌─ アウトソーシングの展開
          売上拡大 ────────────────┼─ 市場調査方法の確立 ─┤
                                 │            └─ モニター制の導入
                                 │            ┌─ マーケティング教育の充実
                                 └─ 顧客・商品データ分析 ─┼─ 社内ベンチャー制の導入
                                     重視の風土作り       └─ トップのリーダーシップの強化
```

フィッシュボーン：問題に対する影響、要因をまとめる

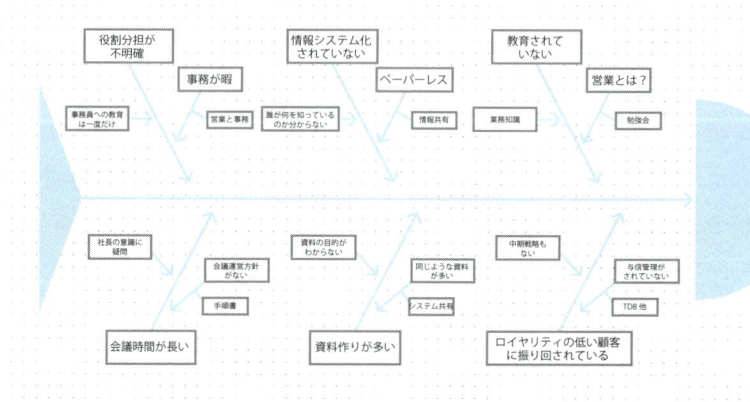

```
  役割分担が          情報システム化            教育されて
  不明確             されていない              いない
      ＼ 事務が暇        ＼ ペーパーレス           ＼ 営業とは？
        ＼               ＼                       ＼
  事務員への教育    営業と事務  誰が何を知っている   情報共有  業務知識   勉強会
  は一度だけ                  のか分からない
  ─────────────────────────────────────────────────────→
  社長の意識に         資料の目的が              中期戦略も
  疑問                わからない                ない
      ＼ 会議運営方針    ＼ 同じような資料         ＼ 与信管理が
         がない            が多い                   されていない
    手順書              システム共有              TDB 他
  会議時間が長い        資料作りが多い            ロイヤリティの低い顧客
                                              に振り回されている
```

220

図87 マトリクス

PPM（Product Portfolio Management）

	高 市場シェア	低
高 市場成長率	花形 Star 成長期待 →維持・継続する段階	問題児 Question Mark 競争激化 →育成すべき段階
低	金のなる木 Cash Cow 成熟・安定利益 →収益を回収する段階	負け犬 Dog 停滞・衰退 →撤退する段階

相対市場シェア

利害関係者マトリクス

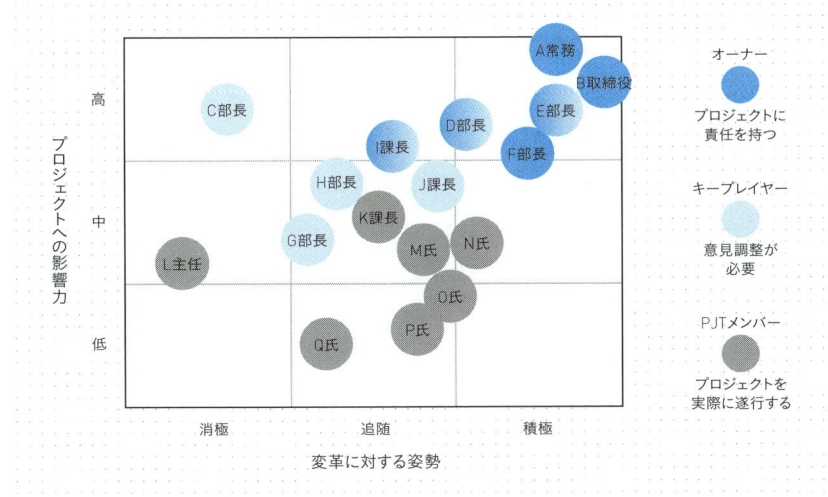

縦軸：プロジェクトへの影響力（高／中／低）
横軸：変革に対する姿勢（消極／追随／積極）

- A常務、B取締役、E部長、F部長、D部長、I課長、C部長（高影響力エリア）
- H部長、J課長、K課長、G部長（中影響力エリア）
- L主任、M氏、N氏、O氏、P氏、Q氏（低影響力エリア）

凡例：
- オーナー：プロジェクトに責任を持つ
- キープレイヤー：意見調整が必要
- PJTメンバー：プロジェクトを実際に遂行する

CHAPTER_4 EXPRESSION インパクトを表現する

て消極的な人で影響力の大きい左上が要注意ゾーンで、アクションが必要です。象限ごとにどのようなアクションをとるのかを規定し、特徴的なネーミングをするとよりインパクトが出せるでしょう。

展開

- 成長／発展

事業や施策など物事がよくなっていく段階を示すための図です。成長感を出すために、左下から右上に配置されます。

手順

- ステップ

企業活動や業務、作業の大まかな流れを示すための図です。代表的な使い方としてはバリューチェーンやプロジェクトアプローチなどがあります。ステップとフローを合成することも可能です。ステップは全体的にどのように進んでいくかを把握するものですので、ネーミングも重要です。

- フロー

フローチャートは流れ図または流れ作業図のことで、各作業を様々な形の箱で表し、それらの間を実線または矢印でつないで流れを表すことで、アルゴリズムやプロセスを表現します。流れに関与する人物や組織が複数の場合には縦軸に設定することで、整然としたフローになります。それでも複雑な場合には、作業、担当者、情報を縦軸に置くといった具合に、構成要素を分解して分けて表現します。フローと表を合成してもよいでしょう。単純作業の場合にはそこまでする必要はありません。業務プロセスだけでなく、意思決定フロー、システムフロー、文書フローなど何を中心として流れを見せたいかによって、箱の形に描くものが決まります。

図88 成長／発展

初級
ネゴシエーション
個別指導
職種別

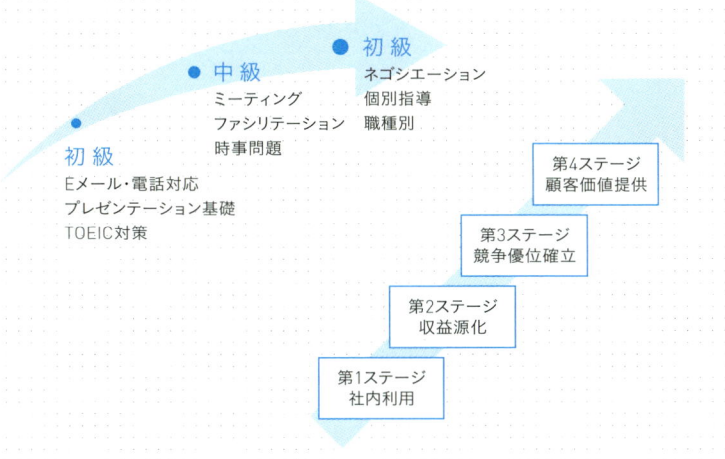

中級
ミーティング
ファシリテーション
時事問題

初級
Eメール・電話対応
プレゼンテーション基礎
TOEIC対策

第4ステージ
顧客価値提供

第3ステージ
競争優位確立

第2ステージ
収益源化

第1ステージ
社内利用

図89 ステップ

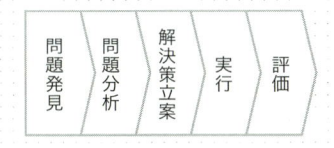

問題発見 → 問題分析 → 解決策立案 → 実行 → 評価

Attention 注目 → Interest 興味 → Desire 欲求 → Memory 記憶 → Action 行動

Input 見る力		Process 作る力		Output 動かす力	
仮説収集力	処理分析力	構想解決力	企画創造力	表現伝達力	交渉説得力
・アンケート ・インタビュー ・リサーチ	・財務分析 ・統計分析 ・業務分析	・ロジカルシンキング ・プロブレムソルビング	・戦略策定基礎 ・クリエイティブシンキング	・ドキュメンテーション ・プレゼンテーション	・オブジェクションハンドリング ・ネゴシエーション

CHAPTER_4 EXPRESSION

インパクトを表現する

図90 フロー

一般的な業務フロー

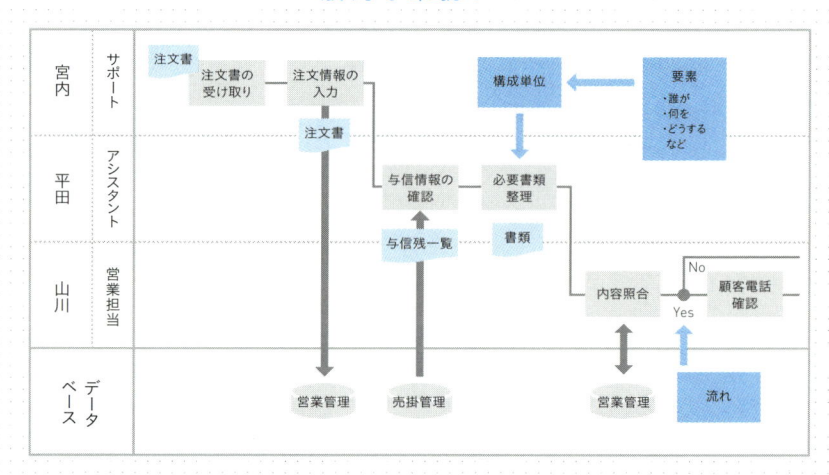

宮内	サポート	注文書	注文書の受け取り	注文情報の入力		構成単位		要素 ・誰が ・何を ・どうするなど
平田	アシスタント			注文書	与信情報の確認	必要書類整理		
山川	営業担当				与信残一覧	書類	内容照合 Yes / No	顧客電話確認
データベース			営業管理		売掛管理		営業管理	流れ

業務フローと表の合成

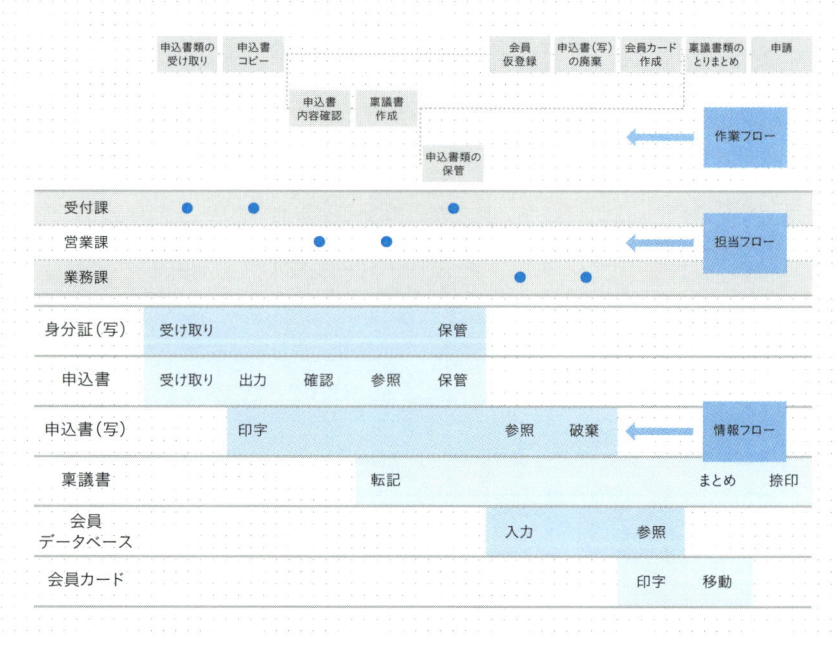

		申込書類の受け取り	申込書コピー			会員仮登録	申込書(写)の廃棄	会員カード作成	稟議書類のとりまとめ	申請
				申込書内容確認	稟議書作成					
					申込書類の保管				作業フロー	
受付課		●	●		●					
営業課				●		●			担当フロー	
業務課							●	●		
身分証(写)		受け取り				保管				
申込書		受け取り	出力	確認	参照	保管				
申込書(写)			印字				参照	破棄	情報フロー	
稟議書					転記				まとめ	捺印
会員データベース							入力	参照		
会員カード								印字	移動	

224

循環

● サイクル

　PDCAなどエンドレスな循環作業を表現するための図です。リサイクルなど複数のループを描く複雑な循環は「マルチ循環図」を用います。正のループは右回り、負のループは左回りにします。

階層

● ストラクチャー

　組織や体制、ピラミッドストラクチャーなどでメッセージを体系的に表現したりと、ビジネスでは活用シーンが非常に多いです。

● ピラミッド

　三角形を3〜5段階に区切り、ヒエラルキーを表現するものです。組織だけでなく、抽象的な概念の構造も表現されます。また、三角形を上下逆転して使うこともできます。余談ですが、クロネコヤマトの組織図は通常と上下が逆転しており、社長が下に配置されています。一番上には「お客様・株主・お取引先・地域社会」が書かれており、自社起点ではなく、社会起点で描かれた図です。図は位置が大きな意味を持ちますので、しっかりとメッセージを表現しましょう。

● レイヤー

　同類の平面が何層か重なった表現で、システムやネットワークなど重なりのある概念を表現できます。

アナロジー

　何かにたとえて図を作成することは、概念を馴染みのない人に伝えたいときに有効です。できるだけ、一般的で身近なものにたとえたほうが分かりやすくなります。説明したいものとたとえるものとの類似性に気づかせ、たとえたものが持っている特性を、説明したい事象も

図9.1 サイクル

「時計回り」で表現

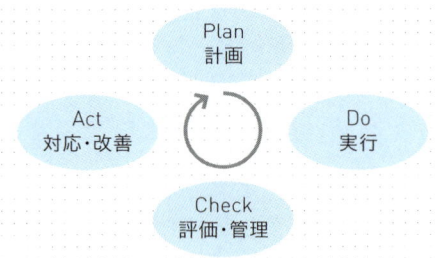

- Plan 計画
- Do 実行
- Check 評価・管理
- Act 対応・改善

「反時計回り」で表現

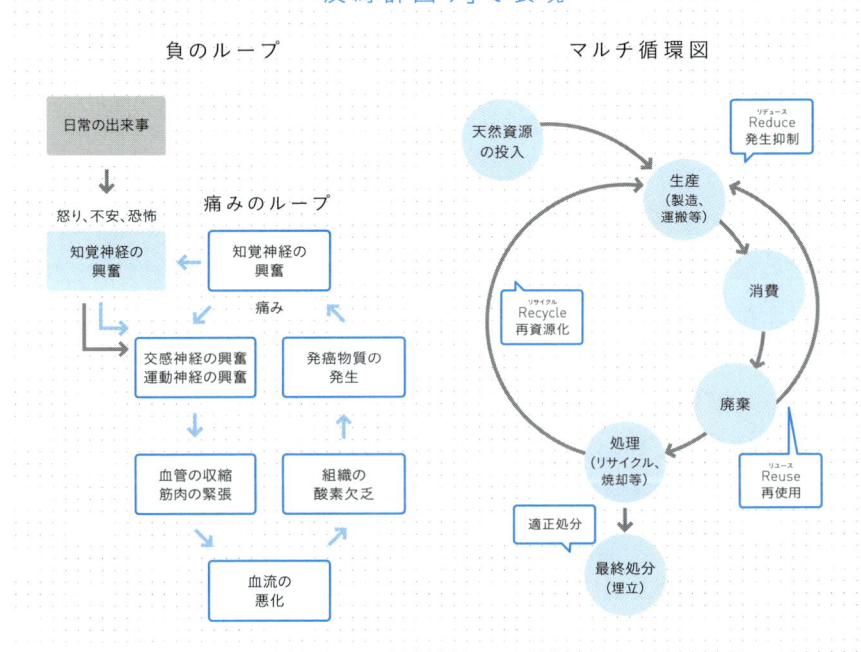

負のループ

日常の出来事
↓
怒り、不安、恐怖
↓
知覚神経の興奮

痛みのループ

知覚神経の興奮 ← 知覚神経の興奮
　　　↓　　　　痛み
交感神経の興奮
運動神経の興奮　← 発癌物質の発生
　　　↓　　　　　　↑
血管の収縮　　　組織の
筋肉の緊張　→　酸素欠乏
　　　↓
血流の悪化

マルチ循環図

天然資源の投入 → 生産（製造、運搬等） → 消費 → 廃棄 → 処理（リサイクル、焼却等） → 最終処分（埋立）

- Reduce 発生抑制（リデュース）
- Reuse 再使用（リユース）
- Recycle 再資源化（リサイクル）
- 適正処分

226

図92 ストラクチャー

ピラミッド構造

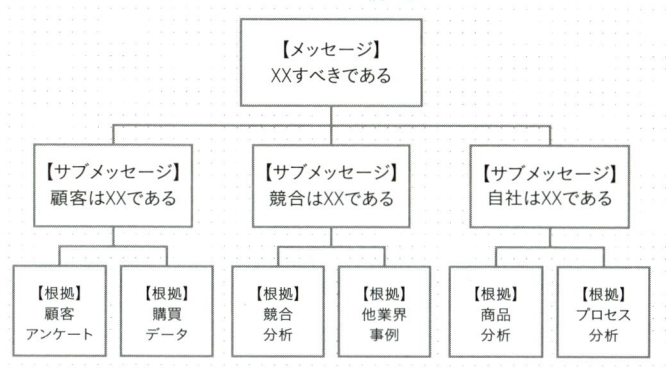

```
              【メッセージ】
              XXすべきである
        ┌─────────┼─────────┐
  【サブメッセージ】 【サブメッセージ】 【サブメッセージ】
  顧客はXXである    競合はXXである    自社はXXである
   ┌───┴───┐    ┌───┴───┐    ┌───┴───┐
 【根拠】 【根拠】  【根拠】 【根拠】  【根拠】 【根拠】
 顧客    購買     競合    他業界    商品    プロセス
 アンケート データ  分析    事例     分析    分析
```

組織構造

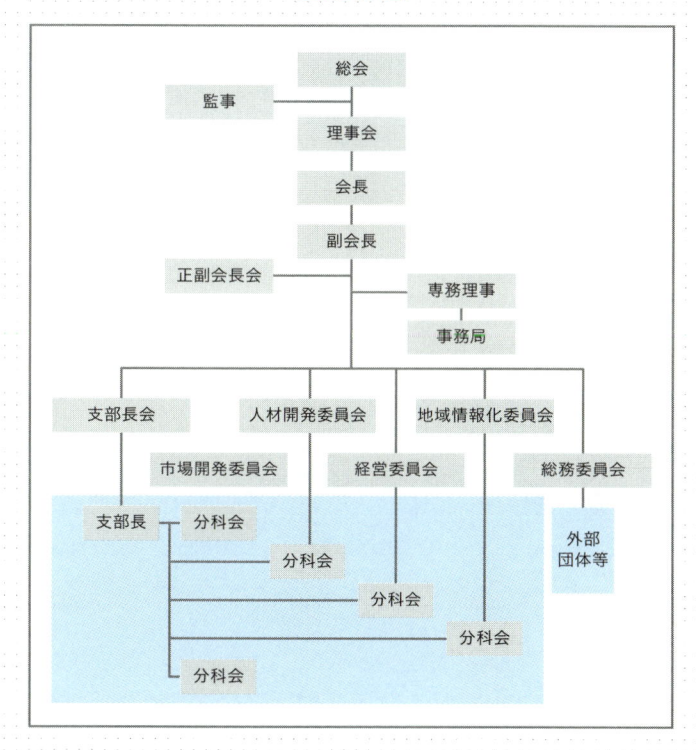

```
                        総会
            監事         │
                        理事会
                         │
                        会長
                         │
                        副会長
            正副会長会────┤
                         ├──専務理事
                         │   │
                         │  事務局
        ┌────────┼────────┐
      支部長会  人材開発委員会  地域情報化委員会
        │    市場開発委員会  経営委員会   総務委員会
        │                              │
      支部長──分科会                  外部
        │                            団体等
        ├────分科会
        │
        │       分科会
        │
        │          分科会
        │
        └──分科会
```

図93 **ピラミッド**

1日に摂取すべき食品の「種類」と「量」を表現

マクロビオティック
食事療法ガイドライン

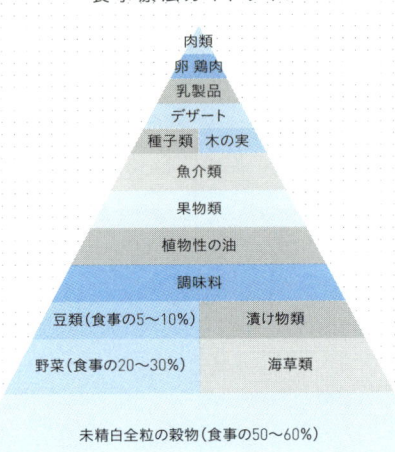

- 肉類
- 卵 鶏肉
- 乳製品
- デザート
- 種子類　木の実
- 魚介類
- 果物類
- 植物性の油
- 調味料
- 豆類(食事の5〜10%)　漬け物類
- 野菜(食事の20〜30%)　海草類
- 未精白全粒の穀物(食事の50〜60%)

顧客至上主義を表現（「経営層」を下に）

- お客様
- お客様接点部門
- 開発・製造部門
- スタッフ部門
- 経営層

金融資産別にマーケット規模を表現

約44兆円（約5万世帯）	超富裕層（5億円超）
約144兆円（約76万世帯）	富裕層（1億〜5億円）
約196兆円（約268万世帯）	準富裕層（5000万〜1億円）
約254兆円（約638万世帯）	アッパーマス層（3000万〜5000万円）
約500兆円（約4048万世帯）	マス層（3000万円未満）

図94 **レイヤー**

地理情報システムイメージ

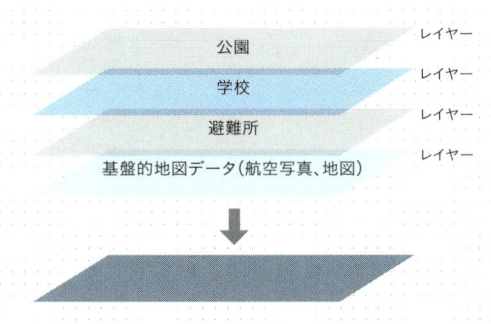

- 公園 —— レイヤー
- 学校 —— レイヤー
- 避難所 —— レイヤー
- 基盤的地図データ（航空写真、地図） —— レイヤー

ネットワークレイヤー

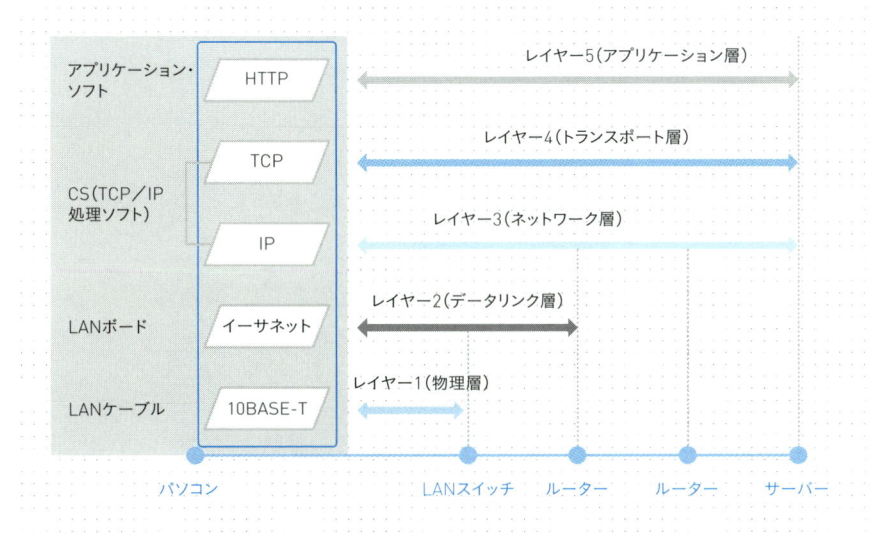

構成	プロトコル	レイヤー
アプリケーション・ソフト	HTTP	レイヤー5（アプリケーション層）
CS（TCP/IP処理ソフト）	TCP	レイヤー4（トランスポート層）
	IP	レイヤー3（ネットワーク層）
LANボード	イーサネット	レイヤー2（データリンク層）
LANケーブル	10BASE-T	レイヤー1（物理層）

パソコン　　LANスイッチ　　ルーター　　ルーター　　サーバー

CHAPTER_4　EXPRESSION　インパクトを表現する

図9.5 **アナロジー①**

2つのカロリーを「はかり」で表現

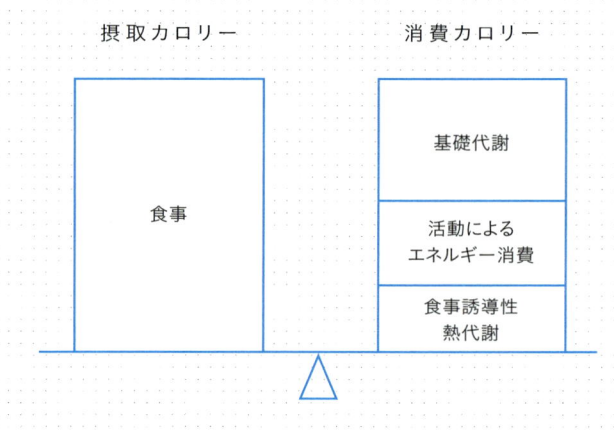

摂取カロリー　　　　消費カロリー

食事	基礎代謝
	活動による エネルギー消費
	食事誘導性 熱代謝

役割を「サッカーのポジション」で表現

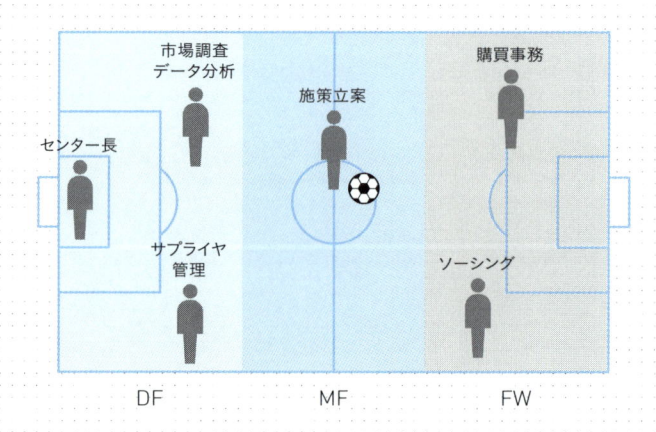

- センター長
- 市場調査・データ分析
- サプライヤ管理
- 施策立案
- 購買事務
- ソーシング

DF　　　　MF　　　　FW

図96 アナロジー②

スキルとマインドを「水」「土」で表現

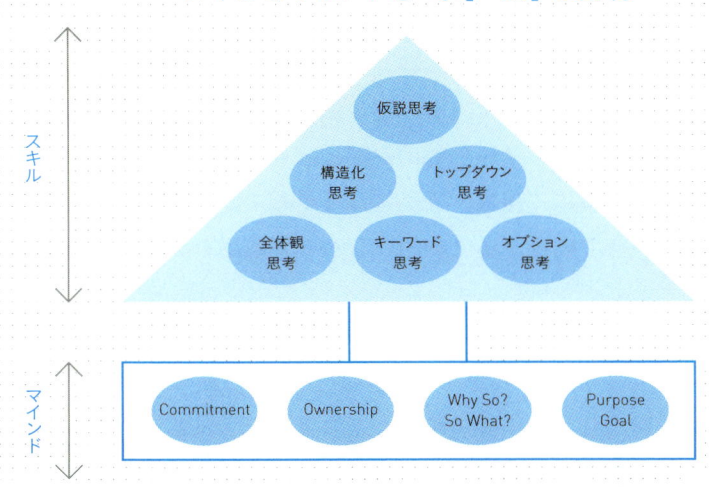

スキル:
- 仮説思考
- 構造化思考
- トップダウン思考
- 全体観思考
- キーワード思考
- オプション思考

マインド:
- Commitment
- Ownership
- Why So? So What?
- Purpose Goal

マインド、ナレッジ、スキルが相互作用することを表現

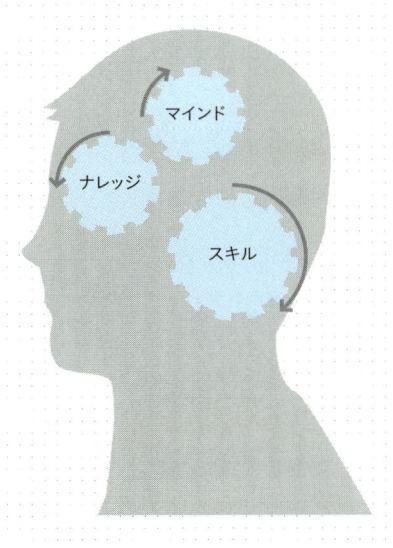

- マインド
- ナレッジ
- スキル

CHAPTER_4 EXPRESSION ― インパクトを表現する

持っているように思わることで、特性を冗長に語らずに伝えることができます。

図の応用と合成

関係性ごとに汎用的な図をご紹介してきましたが、グラフ同様、図を応用・合成することによって、更に深みのある表現が可能になります。また軽症レベルの人は一般的な図は描けるものの、応用や合成ができていないために、複雑・冗長になりがちです。複雑な表現になった場合には、他の図のタイプや組み合わせが適用できないかをさぐりましょう。

図97は重なりが多くなっており、線や色を変えても全てを把握するのは難しいでしょう。改善後はマトリクスを3D表示しており、単色でも各社の事業領域が把握できます。

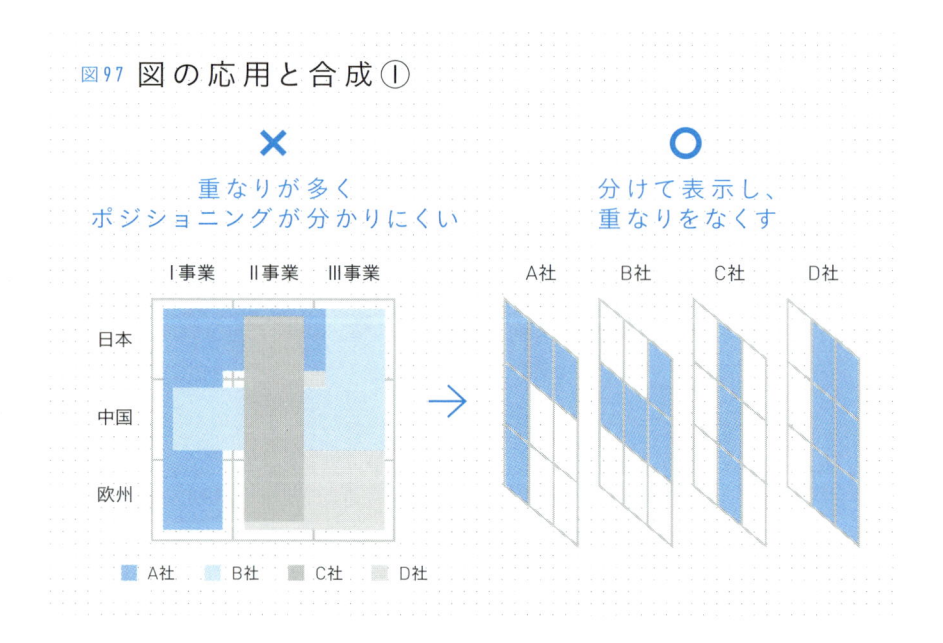

図97 **図の応用と合成 ①**

✗ 重なりが多く
ポジショニングが分かりにくい

◯ 分けて表示し、
重なりをなくす

図98 図の応用と合成②

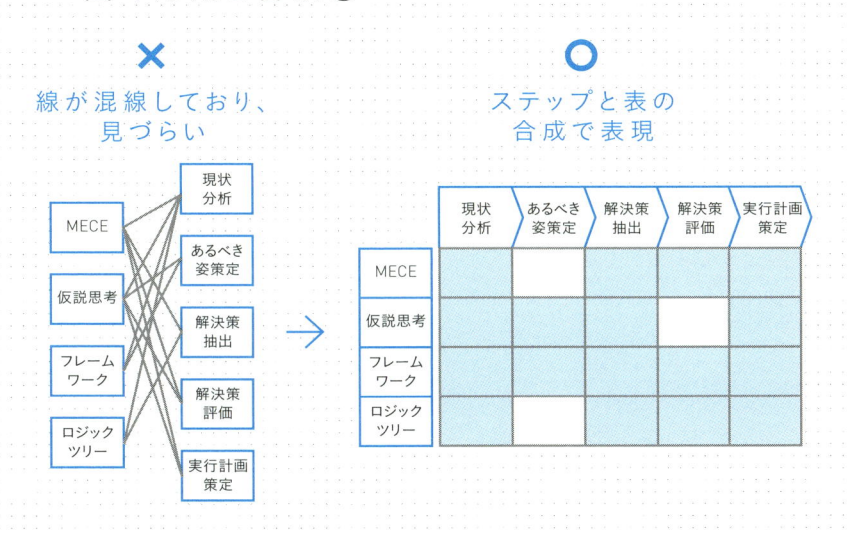

✕ 線が混線しており、見づらい

MECE／仮説思考／フレームワーク／ロジックツリー
現状分析／あるべき姿策定／解決策抽出／解決策評価／実行計画策定

○ ステップと表の合成で表現

	現状分析	あるべき姿策定	解決策抽出	解決策評価	実行計画策定
MECE					
仮説思考					
フレームワーク					
ロジックツリー					

　図98は図形と図形を線で結んでいますが、タコ足配線のようです。問題と原因などもよくこのように線で結んで表現しているものを見かけますが、数が多くなると複雑になりますので、表やツリーなどで表現するようにしましょう。

　図99はピラミッドの横に書かれたプロジェクトのフェーズでやるべきことを記載したものですが、ステップやフェーズなど時系列のものが出てきたら時間軸として、横軸に整理するとよいでしょう。

　図100はピラミッドの応用ですが、縦軸には層を横軸には時代をとり、富裕層・中流層・貧困層をピラミッドの色づけや形を変えることで表現しています。

　図は基礎的なものを覚えると様々な応用ができます。特に縦横の組み合わせだけでも多彩な表現ができますので、複雑になってきたと

図9.9 図の応用と合成③

✗
各層がいつ何をするのかが分かりにくい

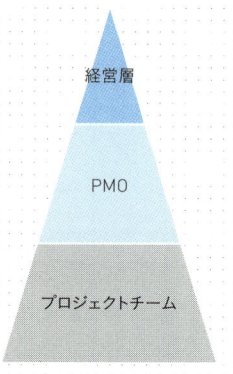

経営層
【開始前】ポートフォリオに基づいた投資対効果判断とプロジェクト選定
【実行後】効果測定とモニタリング

PMO
【計画時】プロジェクト計画策定とリソース調達
【実行時】プロジェクト状況モニタリング
【実行後】予実管理

プロジェクトチーム
【実行時】作業実施
　　　　進捗報告

↓

◯
ピラミッドとステップの合成で表現
主体の遷移を矢印で強調

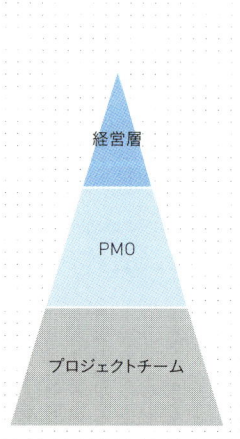

	開始前	計画時	実行時	実行後
経営層	ポートフォリオに基づいた投資対効果判断とプロジェクト選定			効果測定とモニタリング
PMO		プロジェクト計画策定とリソース調達	プロジェクト状況モニタリング	予実管理
プロジェクトチーム			作業実施 進捗報告	

図100 図の応用と合成 ④

表とピラミッドを合成

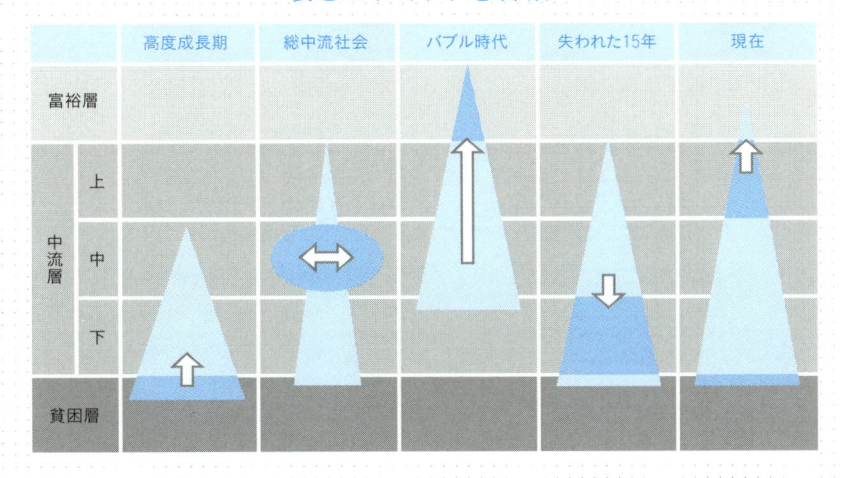

	高度成長期	総中流社会	バブル時代	失われた15年	現在
富裕層					
中流層 上					
中流層 中					
中流層 下					
貧困層					

思ったら、重なりや混線を減らすために、縦横で異なる図を組み合わせてみましょう。

▶ 図の視認性を高める3つの法則

　基本は表やグラフなど他の表現方法と同様、不要なノイズをカットして、視線の流れを見てほしいところに誘導することですが、図の場合には、レイアウトや形など更に表現のバリエーションが広がるため、いくつかの「視認性の法則」を知らないと見づらくなり、インパクトを弱めてしまいます。凝った演出表現は必要ありませんが、このような細やかさが欠かせないのが図です。この細やかさに欠けると素人っぽさが出てしまうのです。

① 関係性を強調する

　図は形の配置で関係性を表現するので、どの形とどの形が近接関係なのかを位置で把握できるようにします。いつでも等間隔にするので

図101 グルーピング配置

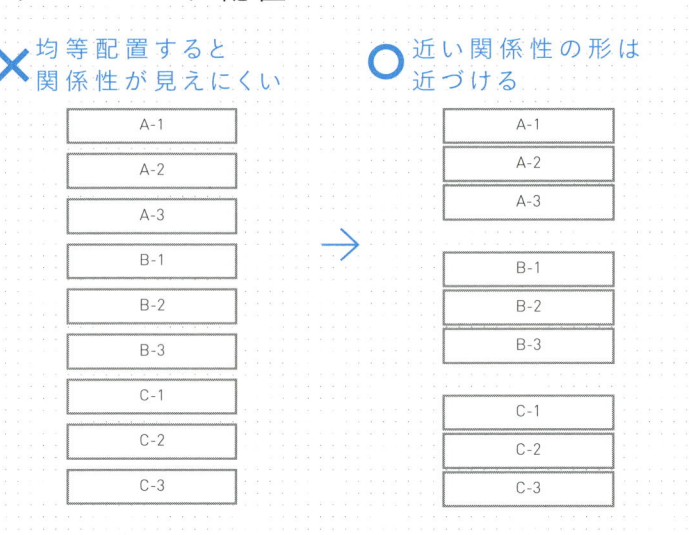

✕ 均等配置すると関係性が見えにくい　　○ 近い関係性の形は近づける

はなく、同じ性質のものは近づけて配置することで視覚的に関係性が分かります。同じグループを線で囲むという方法もありますが、囲み線はノイズになる場合もあります。線や色をなるべく使わずに形と位置だけで近さが分かればベストでしょう。

　関係性を示すのに矢印は多用されますが、使い方を間違えると混乱を招きます。矢印の範囲効果が把握できないためです。矢印は延長線上にあるもの全てを指すのか、直接指しているものなのか区別がつきにくいのです。

　矢印の作用範囲を明確にすることで関係性の読み違えが防げます。複数の図やグラフを合成する場合には、明確に関係性を見えるようにしましょう。矢印だと読み間違いが起きそうな場合には、線を使って関係範囲を明確にします。

図102 **矢印の範囲**

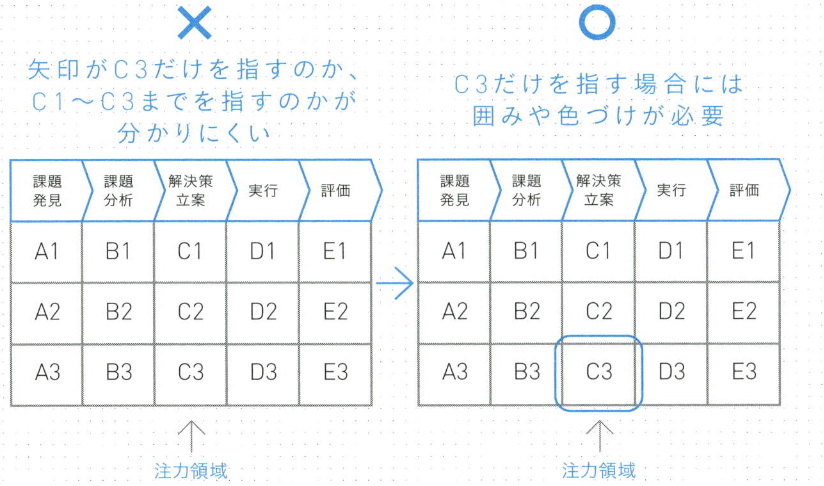

✕

矢印がC3だけを指すのか、
C1〜C3までを指すのかが
分かりにくい

課題発見	課題分析	解決策立案	実行	評価
A1	B1	C1	D1	E1
A2	B2	C2	D2	E2
A3	B3	C3	D3	E3

↑
注力領域

〇

C3だけを指す場合には
囲みや色づけが必要

課題発見	課題分析	解決策立案	実行	評価
A1	B1	C1	D1	E1
A2	B2	C2	D2	E2
A3	B3	C3	D3	E3

↑
注力領域

② **重要性を強調する**

　図で表現していることで何が重要なのかを説明がなくても分かるようにします。2つ方法があり、1つは「レイアウト」、2つ目は「大きさ」です。

　白紙のスライドのどこに何を配置したら最も目を引くのかというレイアウトの法則を理解しましょう。いくつか法則がありますが、1つ目は三分割法です。スライドを縦横3つに分割し、その交点（パワーポイントと呼びます）に、視線を集めたいものを配置するとバランスが良い構図になるというものです。三分割法は印象的な画像を効果的に使ったスライドに向いています。四分割法では視線は左から右、上から下に流れるので、スライドの右上は視線が集まりにくい領域とされています。右上には重要な情報を配置しないようにしましょう。

　配置の他には図や文字の大きさで重要性を表現します。形の中に入

図103 レイアウトの考え方

三分割法
交点に重要なものを配置

四分割法
視線は上から下、左から右に流れる

視線が集まりにくい領域

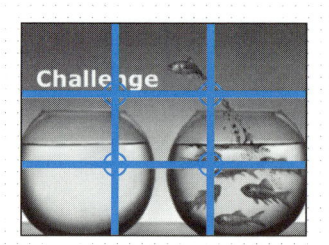

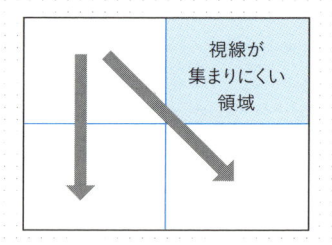

図104 文字の大きさと形の大きさで重要性を強調した例①

✗ 文字の大きさが同じ

Step1	Step2	Step3	Step4
開墾	種蒔	施肥	収穫
学生意識脱却	課題意識醸成	基礎知識吸収	実践力強化

↓

○ インパクトワードを大きく

Step1	Step2	Step3	Step4
開墾	**種蒔**	**施肥**	**収穫**
学生意識脱却	課題意識醸成	基礎知識吸収	実践力強化

図105 **文字の大きさと形の大きさで
重要性を強調した例②**

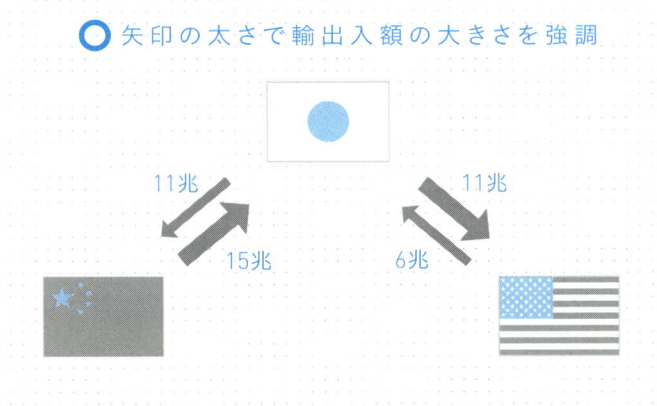

○ 矢印の太さで輸出入額の大きさを強調

11兆　　　　　11兆
15兆　　　　　6兆

れる文字で最も見てほしいものは文字のポイントを上げます。形も同じ意味であれば同じ形を用いますが、インパクトが異なるのであれば、図の大きさで表現しましょう。

③ **ノイズカット**

　ノイズカットは表やグラフと同様、インパクトを出すために欠かせません。図は演出に凝りだすとノイズがあっという間に増えてしまいます。また、図の選定を間違えたためにノイズが増えてしまうケースもあります。

● 線や矢印を減らす

　関係性を表現するために、同じグループを線で囲んだり、四角い形を下敷のように敷いたりしますが、やりすぎるととても見づらくなります。前述したように、同じグループのものは近づけたりして、なるべく余計な線や囲みがなくても分かるようにしましょう。矢印もなく

図106 ［ノイズカット］囲み線と矢印①

✘ 囲みが多すぎる

	花形 Star	問題児 Question Mark
高	成長期待 →維持・継続する段階	競争激化 →育成すべき段階
低	金のなる木 Cash Cow	負け犬 Dog
	成熟・安定利益 →収益を回収する段階	停滞・衰退 →撤退する段階

市場成長率　　　高　　　　　　　　　低
　　　　　　　　　相対市場シェア

↓

○ マトリクスとインパクトワードだけにフォーカス

花形　　　　　　　問題児
Star　　　　　　 Question Mark

成長期待　　　　　競争激化
→維持・継続する段階　→育成すべき段階

金のなる木　　　　負け犬
Cash Cow　　　　 Dog

成熟・安定利益　　停滞・衰退
→収益を回収する段階　→撤退する段階

市場成長率　　高　　　　　　　低
　　　　　　　相対市場シェア

図107 ［ノイズカット］囲み線と矢印②

矢印をなくし、ブロック矢印で表現

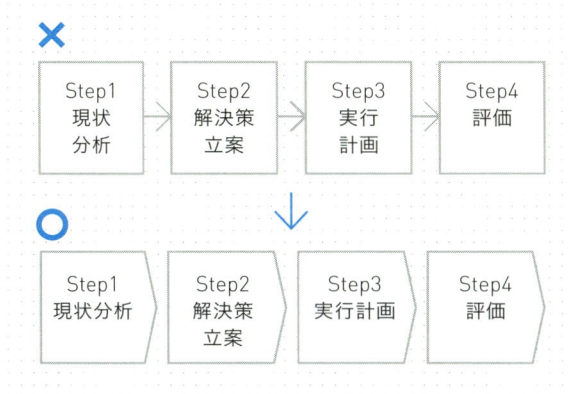

✗
| Step1 現状分析 | → | Step2 解決策立案 | → | Step3 実行計画 | → | Step4 評価 |

↓

○
Step1 現状分析 》 Step2 解決策立案 》 Step3 実行計画 》 Step4 評価

図108 ［ノイズカット］吹き出しと爆発マーク

✗ 吹き出しと爆発マークが煩雑

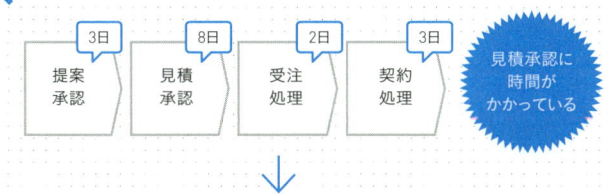

［3日］提案承認 → ［8日］見積承認 → ［2日］受注処理 → ［3日］契約処理　　見積承認に時間がかかっている

↓

○ 各プロセスにかかる日数を矢印図形と長さで表現しフォーカス

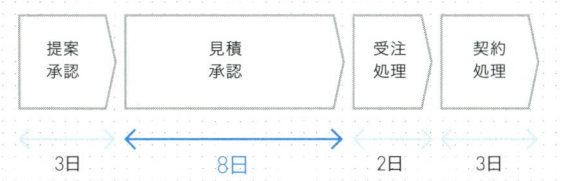

提案承認 》 見積承認 》 受注処理 》 契約処理

←3日→ ←　8日　→ ←2日→ ←3日→

CHAPTER_4　EXPRESSION　インパクトを表現する

図109 [ノイズカット] 冗長性

✖ 文字が多すぎて図解が効果的ではない

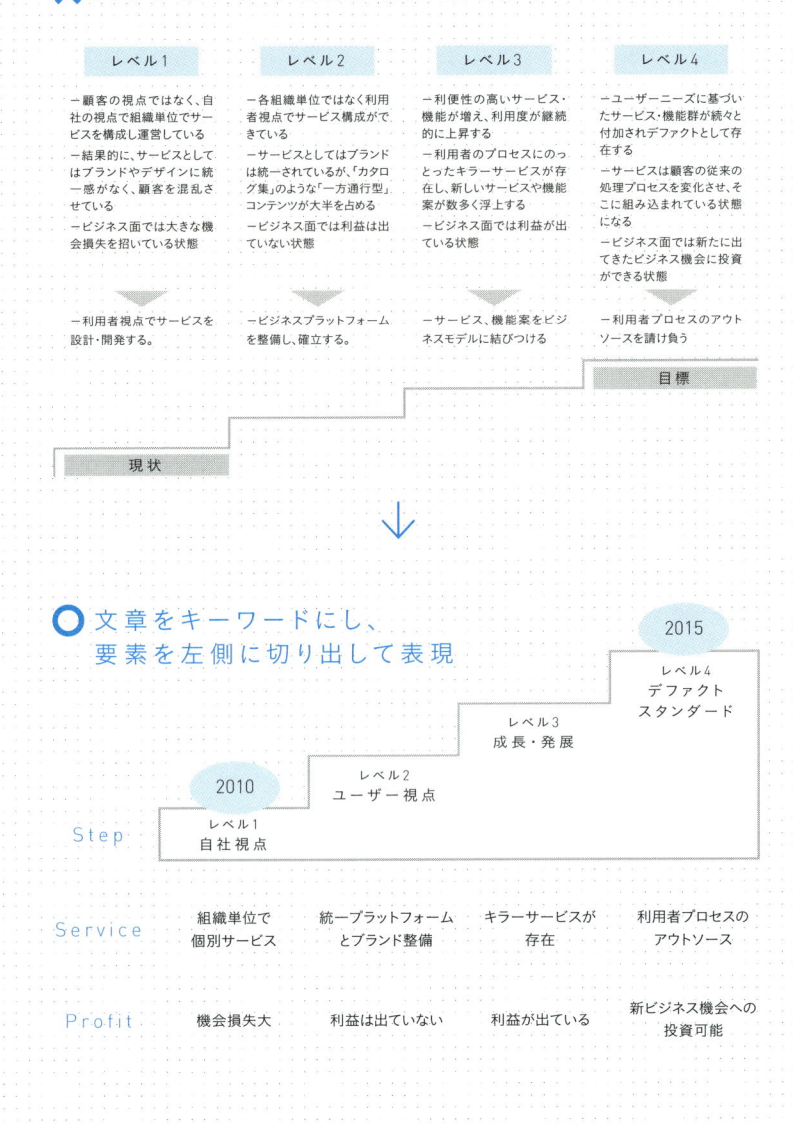

レベル1
- 顧客の視点ではなく、自社の視点で組織単位でサービスを構成し運営している
- 結果的に、サービスとしてはブランドやデザインに統一感がなく、顧客を混乱させている
- ビジネス面では大きな機会損失を招いている状態

↓
- 利用者視点でサービスを設計・開発する。

レベル2
- 各組織単位ではなく利用者視点でサービス構成ができている
- サービスとしてはブランドは統一されているが、「カタログ集」のような「一方通行型」コンテンツが大半を占める
- ビジネス面では利益は出ていない状態

↓
- ビジネスプラットフォームを整備し、確立する。

レベル3
- 利便性の高いサービス・機能が増え、利用度が継続的に上昇する
- 利用者のプロセスにのっとったキラーサービスが存在し、新しいサービスや機能案が数多く浮上する
- ビジネス面では利益が出ている状態

↓
- サービス、機能案をビジネスモデルに結びつける

レベル4
- ユーザーニーズに基づいたサービス・機能群が続々と付加されデファクトとして存在する
- サービスは顧客の従来の処理プロセスを変化させ、そこに組み込まれている状態になる
- ビジネス面では新たに出てきたビジネス機会に投資ができる状態

↓
- 利用者プロセスのアウトソースを請け負う

目標

現状

↓

⭕ 文章をキーワードにし、要素を左側に切り出して表現

	2010			2015
Step	レベル1 自社視点	レベル2 ユーザー視点	レベル3 成長・発展	レベル4 デファクトスタンダード
Service	組織単位で個別サービス	統一プラットフォームとブランド整備	キラーサービスが存在	利用者プロセスのアウトソース
Profit	機会損失大	利益は出ていない	利益が出ている	新ビジネス機会への投資可能

て分かるのであればなくすべきです。形を四角ではなく、ブロック矢印の形にすれば、矢印を別に使う必要がありません。

- 色を減らす

カラーリングのルールについては後述しますが、基本的に色がなくても伝わるような図にしましょう。そのためには、色に意味を持たせないことです。色に意味を持たせるのは、文字・数値、形、大きさ、位置で表現できないということですので、情報が複雑になっている証拠です。

- 重なりをなくす

関係性を表すために図形を重ねたり、重要性を表すために吹き出しなどを重ねたりするのはなくすべきです。アニメーションを多用したスライドで、印刷すると重なっていて下にある情報が見えないものがありますが、講演やエンターテインメント性の高いプレゼンテーションの場以外ではあまりアニメーションを多用すべきではないでしょう。

- 吹き出しと爆発マークをなくす

形に吹き出しや爆発マークがついている図がよくありますが、そもそもそれは何を表現しているのかをよく検討する必要があります。

吹き出しは補足説明的に用いるものですから、全ての形に吹き出しがついているのは補足ではなく、必要な情報として図形内に収めるか別の表現にすべきでしょう。爆発マークは、図の中の強調に使われますが、いくつも爆発させては意味がありません。

また、安易な強調は素人っぽさを感じさせますので、爆発マークに頼らずに、図やグラフそのものでインパクトが伝わるようにしたほうがよいでしょう。

- 3D演出をなくす

　グラフ同様、3D演出は形の面積が変わるため、視認性を損ねます。3Dの安易な利用は控えましょう。

- 冗長性をなくす

　せっかく図で表現しても、形の中に描かれる文字や文章が冗長だと図の良さが活きませんし、インパクトも薄れます。形の中に書く文字は最小限にして、図の視認性を高めましょう。

CHAPTER_4 インパクトを表現する

06 画像で表現する

› 画像は物語や感情に最適

　画像は、多くの情報を伝達できます。特に感情訴求や物語性を表現するには最適でしょう。最近では、動画を挿入する例も増えてきますが、更に伝わる情報量や臨場感は大きいといえます。ここでは、スライド上に配置する画像やクリップアートなどのイラストについて説明します。

[ルール]テイストを合わせる

　まず重要なのは、画像の選定です。イラストにも画像にもテイストがあります。異なるテイストのものを無造作に使うと統一感が損なわれ、資料全体の信頼性に関わります。

　クリップアートであれば、同じテイストのイラストや写真を一覧表示して選択しましょう。また、細かい背景つきのシーンのイラストは、遠目では何が描かれているのか判別しにくいため、できればシンボリックでシンプルなイラストを選んだほうがよいでしょう。

[ノイズカット]トーンを合わせる

　画像やイラストのテイストや大きさが合っていない場合にはノイズになるので加工が必要です。また、色の彩度や明度なども全体のトーンに合わせて統一しましょう。

図110 画像のテイスト

✕ 異なるテイストの画像を使った例

| Attention
注目 | Interest
興味 | Search
検索 | Action
行動 | Share
情報共有 |

↓

○ 画像のテイストを合わせた例

| Attention
注目 | Interest
興味 | Search
検索 | Action
行動 | Share
情報共有 |

図111 画像のトーンを合わせる

[フォーカス] 画像の大きさと向き

　補助的にイメージを伝えるものなのか、イメージそのものを表現するものなのかで、フォーカスの当て方が異なります。画像自体でコンセプトを表現するのであれば、スライド全体に大きさを広げ余白をなくすことでフォーカスを強めましょう。圧迫感を与える場合には、彩度や明度を調整しましょう。

　画像は文字、グラフ、図と組み合わせて使われることが多いですが、その際には画像の向きを整えて、フォーカスを強めましょう。写真でも反転できますので、視線を誘導したい先に合わせます。特に私たちは、人の顔が向いている方向に自分も視線を向けるので、人物の画像の場合には意識的に向きを選ぶことで印象的になります。

図112 画像の大きさでコンセプトを表現

× 写真を一部に貼ったタイトルスライド

○ 写真をスライド全面に使ったタイトルスライド

図113 画像の向き：人の顔の向きに視線が集まる

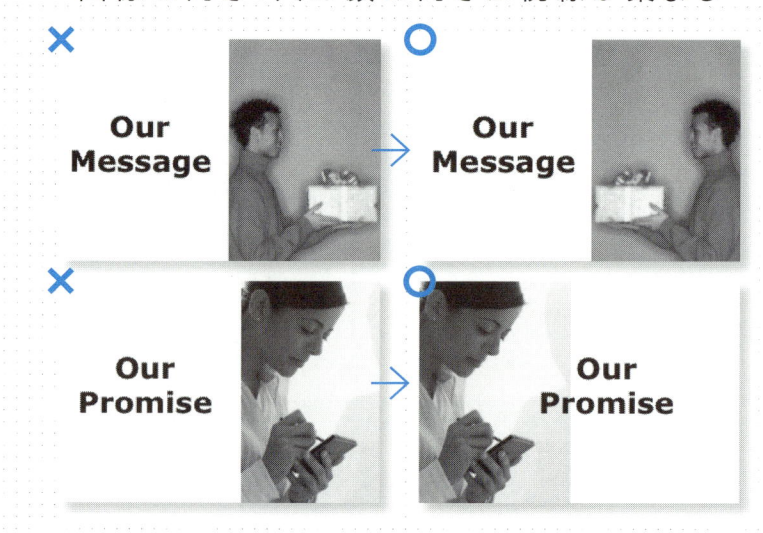

カラーリングテクニック

　デザインの鉄則を本章の初めに述べ、様々な図解の表現方法について見てきましたが、共通のデザインテクニックであるカラーについてまとめます。

　まず、色には「色相」と「彩度」と「明度」があります。色相は、赤・緑・青といった色味・色合いのことです。彩度は鮮やかさを表しており、鮮やかさが最も低い色は、黒・白・グレーなどの色で無彩色と呼ばれます。彩度は、色相の違い以上に色の印象を左右します。明度は明るさのことで最も明るい色は白、最も暗い色は黒です。彩度と明度は色本来の色味を表す色相よりも、色の持つ印象を左右します。

[色の選び方]トーンを統一する

　資料全体の中でトーンを統一します。複数の色を使う場合には、明度や彩度を合わせないとある色だけ浮いて見えてノイズになってしま

図114 ［色の設定①］標準カラーパレット

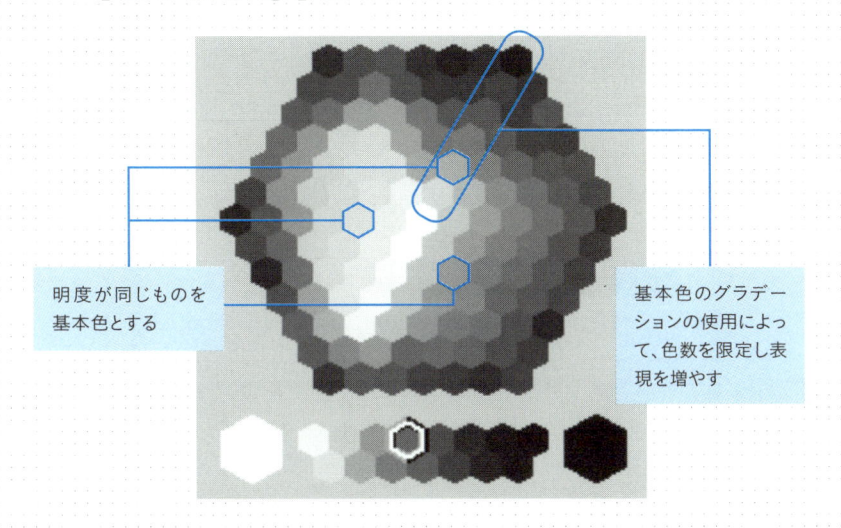

明度が同じものを
基本色とする

基本色のグラデーションの使用によって、色数を限定し表現を増やす

うほか、トーンが揃っていない資料はやはり素人っぽさがぬぐいきれないのです。Microsoft Officeでトーンを統一する方法はいくつかあります。

①［色の設定］標準カラーパレット

　同心円状に同じ明度や彩度の色が並んでいますので、近いものを3～4色選定して、基本色として決めます。

②［色の設定］ユーザー設定

　カラーモデルで「HSL」を選択し、鮮やかさ（彩度）と明るさ（明度）の数値は変えずに、色合い（色相）の数値を0～255の間で変化させると同じトーンの色ができます。右側のバーを上下に動かすと明るさが変わりグラデーションカラーを作れます。

図115 ［色の設定②］ユーザー設定

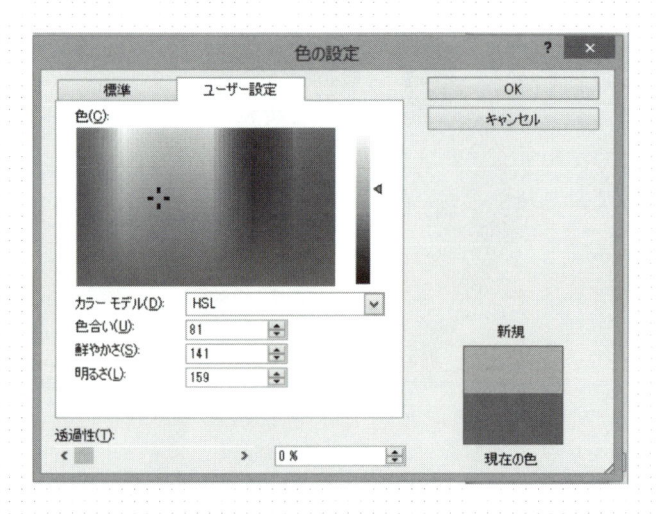

図116 ［色の設定③］テーマの色

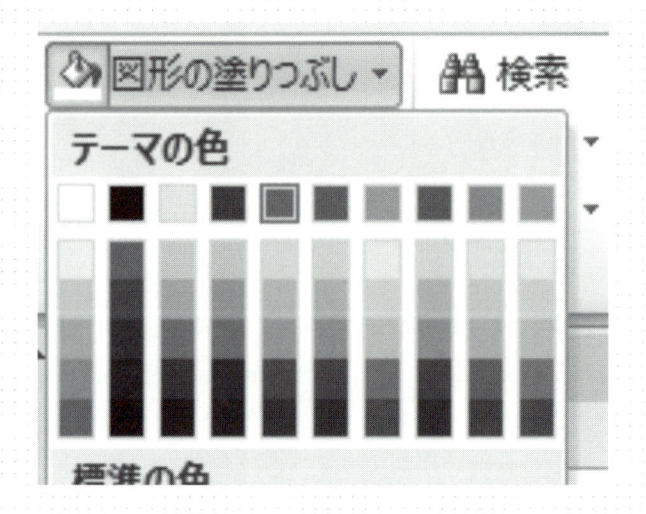

③[色の設定]テーマの色

　横方向に同じトーンの色が並んでいます。縦方向はグラデーションカラーが並んでいます。一部に明度・彩度が異なるものも混ざっているので注意しましょう。

④[クイックスタイル]

　クイックスタイルは形の罫線や色をいくつかのスタイルから選ぶもので、統一感のある表現を簡単にするためのものです。クイックスタイルも横方向に同じトーンのものが並んでいますので、その中からスタイルを選択しましょう。

　上記の方法で資料の基本色を3～4色選定したら、強調色として明度や彩度が高めの赤などを1色選びます。強調色は、たとえばグラフや図の中で着目したい箇所を囲う罫線や矢印の色として使います。同じ資料の中ではその基本色＋強調色＋無彩色（白黒グレー）を使うよ

図117　[クイックスタイル]

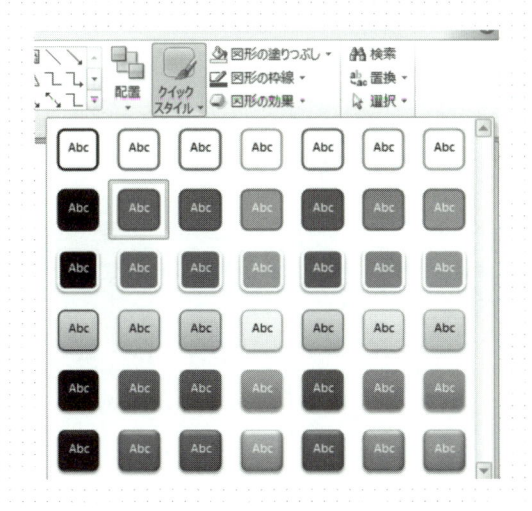

うにして、むやみに色を多用して統一感がなくなるのを防ぎましょう。

［色数を増やさないために］グラデーションを活用

　多色使いは見る人を疲れさせますし、着目してほしいところが分かりにくくなりインパクトを弱めます。グラフなどでどうしても色数を増やしたい場合にはグラデーションを使いましょう。グラデーションは同じ色の明度を変えることで表現できます。無彩色でも明度の変化によりかなり表現を豊かにすることが可能です。

　画像やイラストも悪目立ちするものがあったら、色相（色調）、明るさ（明度）、コントラスト（彩度）を調整することによって、資料全体のトーンに馴染ませましょう。アートと異なり、色自体がインパクトそのものを表現することはありませんので、色のノイズをカットすることも必要不可欠です。

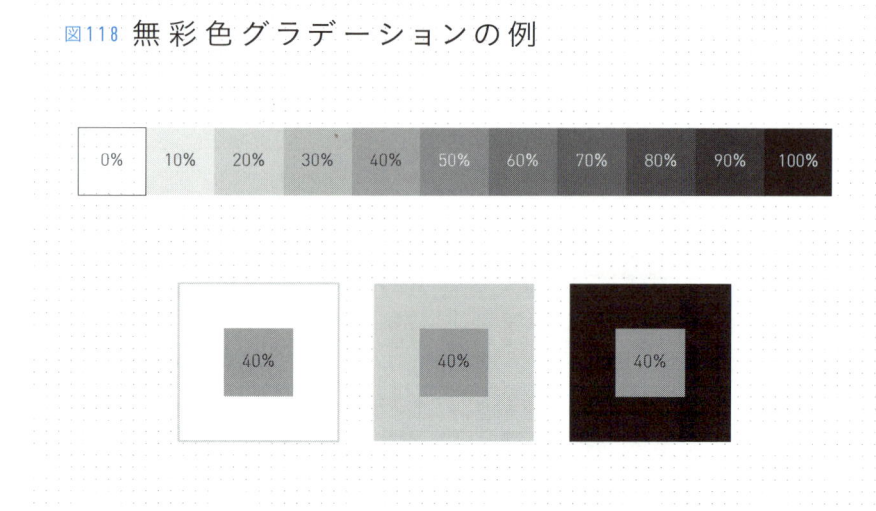

図118 無彩色グラデーションの例

最小のコントラストで最大のインパクトを伝えるためのデザインの鉄則である「ノイズカット」と「フォーカス」を意識し、様々な表現タイプの引き出しを増やすことでインパクトのある図解が完成します。

　あなたがこれまでに作った資料を、ご紹介した方法で改善してみてください。そして、たくさんの優れた図解を見て研究してください。何となくインパクトがあると思っていた資料が、こういう表現だからインパクトがあるのだという理由が見えてくるはずです。後は実践あるのみです。

　世の中を変えるインパクトのあるメッセージを作り、表現し、伝えていきましょう。

> **POINT**
> 本章では、インパクトの表現方法として、文字から画像まで、ノイズカットとフォーカスをどのようにするかを見てきました。ノイズカットとフォーカスを心がけるだけでも伝達性は格段に高まりますが、やはり本質であるメッセージ自体が磨き上げたインパクトのあるものでなくてはなりません。メッセージを研ぎ澄ますことと併せて、表現を磨いていきましょう。

おわりに——インパクトを与えるということ

　私たち一人ひとりはとても小さな存在です。そんな小さな存在の自分がインパクトを与えるなど無理なのではないかと当然考えます。ビジネスに限らず、社会にはさまざまな問題があり、遠い国では戦争や飢餓、苦しみがあふれています。自分という小さな存在が、一体そのような広大な社会にどんなインパクトを与えられるだろうと無力感に陥ることもあるでしょう。

　一昨年に起きた東日本大震災と原発事故によって、私たちの社会のこれまでのシステムが危ういものであることが露呈しました。にも関わらず、日々のビジネスでは短期的な成果を上げることに追いかけられ、激しく変化する経済環境の嵐の中で、目の前のことしか考えられないのが現実です。本当にこのままでよいのでしょうか。今こそ、私たち一人ひとりが自分の考えを表現し、小さいながらも自身のメッセージでインパクトを与えて社会をより良い方向に変えいくべきときなのではないでしょうか。

　自分の中にあるメッセージ、自分が考えるあるべき姿を表現することはとても勇気がいる行動です。私も本書に限らず、毎回勇気を振りしぼって、その時点で自分が考えうる最高のものを表現してきました。自分の中にとどめていても、意味を持つことはないからです。しかし、いったん形にして表現することで、意味が生まれ、その意味を試されます。考えようによっては、生きる意味を試されているのかもしれま

せん。

　私たちは日々の仕事で膨大な数の資料を作成しています。中にはとても素晴らしいメッセージやアイデアでありながら、インパクトを感じさせることができず眠っているものもあるかもしれません。アクションにつなげることができたとしても多くの時間を使っているかもしれません。私は、少しでも多くの素晴らしいメッセージの価値を、少しでも短い時間で伝える一助になればと思い、本書を執筆しました。

　私事ですが、2012年12月に長きにわたりお世話になった会社を退職し、フリーで仕事をすることになりました。本書は記念すべき1作目です。会社を離れ、一人で本書を書く日々は孤独な創造作業の連続でありながらも、不思議と多くの方の力を感じることができました。これまで関わってきた多くの同僚、諸先輩、上司、お客様からいただいてきた、たくさんのインパクトを形にすることができたことは、私にとって本当に嬉しい活動でした。このような機会を与えてくださった中経出版の皆さん、支えてくれた家族・友人、今までもこれからも戦友である仲間達に心から感謝します。

　あなたの伝えたいメッセージが最高のインパクトを与え、より良い社会になることを心から願って。最後に、次の言葉を皆さんに贈りたいと思います。

　今居眠りすれば、あなたは夢をみる。
　今学習すれば、あなたは夢が叶う。——ハーバード図書館

2013年7月　清水久三子

〔著者紹介〕

清水久三子（しみず　くみこ）

&Create 代表。元日本 IBM グローバル・ビジネス・サービス事業部ラーニング＆ナレッジ部門リーダー。

1969年、埼玉県生まれ。お茶の水女子大学卒業。大手アパレル企業を経て、1998年にプライスウォーターハウスコンサルタント（現在は、日本 IBM グローバル・サービス事業部に統合）入社。新規事業戦略立案・展開支援、コンサルタント育成強化、プロフェッショナル人材制度設計・導入、人材開発戦略・実行支援などのプロジェクトをリードし、企業変革戦略コンサルティングチームのリーダーを経て、研修部門全体を統括するリーダーに。

プロジェクトマネジメント研修、コアスキル研修、リーダー研修など社内外の研修講師を務め、コンサルタントの指導育成経験を持つ「プロを育てるプロ」として知られている。

著書に『プロの学び力』『プロの課題設定力』『プロの資料作成力』（以上、東洋経済新報社）がある。

本書の内容に関するお問い合わせ先
中経出版編集部　03(3262)2124

外資系コンサルタントのインパクト図解術（検印省略）

2013年 7月25日　第1刷発行
2013年 9月14日　第3刷発行

著　者　清水　久三子（しみず　くみこ）
発行者　川金　正法

発行所　㈱中経出版　〒102-0083
　　　　東京都千代田区麹町3の2　相互麹町第一ビル
　　　　電話　03(3262)0371（営業代表）
　　　　　　　03(3262)2124（編集代表）
　　　　FAX 03(3262)6855　振替 00110-7-86836
　　　　ホームページ　http://www.chukei.co.jp/

乱丁本・落丁本はお取替え致します。
DTP／おかっぱ製作所　印刷／新日本印刷　製本／越後堂製本

©2013 Kumiko Shimizu, Printed in Japan.
ISBN978-4-8061-4830-2　C2034

本書の無断複製（コピー、スキャン、デジタル化等）並びに無断複製物の譲渡及び配信は、著作権法上での例外を除き禁じられています。また、本書を代行業者等の第三者に依頼して複製する行為は、たとえ個人や家庭内での利用であっても一切認められておりません。